LEÇON 1

TIPP Du lernst leichter, wenn du Wörter aus einer Wortfamilie zusammen lernst: In dieser Lektion gibt es viele Wörter, bei denen du schon mindestens ein „Familienmitglied" kennst.
Der Pfeil → gibt dir dazu den Hinweis.
Lerne sie zusammen und achte auf Unterschiede.
Beispiel: un jeu/des jeux → jouer

D'abord: Bienvenue à la MJC Monplaisir

sortir [sɔʀtiʀ]	*hier:* herauskommen/ erscheinen *(Zeitung)*	**3a**
indiquer qc [ɛ̃dike]	auf etw. hinweisen	**1a**
souligner qc [suliɲe]	etw. unterstreichen	**1a**

A Rendez-vous sportif!

Si les résultats viennent, tu seras un champion. [sileʀezyltavjɛntysəʀaɛ̃ʃɑ̃pjõ]	Wenn die Ergebnisse stimmen, wirst du Meister sein.	**16**
recevoir qc [ʀəsəvwaʀ]	etw. erhalten/bekommen	**27**

recevoir:
je reçois, tu reçois, il/elle reçoit,
nous recevons, vous recevez, il/elles reçoivent,
j'ai ***reçu***

se souvenir de qc [səsuvənirdə]	sich an etw. erinnern	**16**

Le verbe ***se souvenir*** se conjugue comme ***venir***:
je me souviens, tu te souviens, il/elle/on se souvient,
nous nous souvenons, vous vous souvenez,
ils/elles se souviennent,
je me suis souvenu(e)

W0342194

s'entraîner [sɑ̃tʀɛne]	trainieren	**1aa**
passer dans une (autre) équipe [pasedɑ̃zyn(otʀ)ekip]	in eine (andere) Mannschaft kommen	**1a**
créer qc [kʀee]	etw. schaffen/gründen	**1a**

créer:
je crée, tu crées, il/elle/on crée,
nous créons, vous créez, ils/elles créent
! *passé composé: j'ai* ***créé*** *futur: je* ***créerai***

gagner qc [gaɲe]	etw. gewinnen	**1a**

B Amis pour la vie!

compter qc [kõte]	etw. zählen	**1a**
avoir confiance en qn [avwaʀkõfjɑ̃s]	Vertrauen in jdn. haben	**5**
On se téléphone. [õs(ə)telefɔn]	Wir telefonieren (miteinander).	**1aa**
être très ami(e/s) [ɛtʀ(ə)tʀɛzami]	gut befreundet sein	**4**
faire de l'escalade [fɛʀdəlɛskalad]	klettern	**6**
rire [ʀiʀ]	lachen	**28**

rire:
je ris, tu ris, il/elle/on rit,
nous rions, vous riez, ils/elles rient,
j'ai ***ri***

C Vidéoclip

Qui est-ce qui ...? [kiɛski]	Wer ...? *(Frage nach dem Subjekt)*	**4**
Qui est-ce que ...? [kiɛskə]	Wen ...? *(Frage nach dem Objekt)*	**4**

LEÇON 1

Qu'est-ce que …? [kɛskə]	Was …? *(Frage nach dem Objekt)*	**4**
Qu'est-ce qui …? [kɛski]	Was …? *(Frage nach dem Subjekt)*	**4**
marcher [maʀʃe]	*hier:* funktionieren	**1a**
filmer qc [filme]	etw. filmen	**1a**
réserver qc [ʀezɛʀve]	etw. reservieren	**1a**

1. Erinnerst du dich noch an die Bildung des *futur simple*?

Infinitiv + *Futur simple*-Endungen: *-ai, -as, -a, -ons, -ez, -ont*

Achte auf die Ausnahme bei Verben auf *-dre* und *-re:* Infinitiv ohne *-e* + *Futur simple*-Endungen!

Jetzt bist du dran! Setze die Verben ins *futur simple*.

1. Anne et Florence *achètent* des robes pour la fête de l'école.

____

2. Je *vais* chez Camille. Nous *rions* beaucoup ensemble.

____

3. Il *gagne* la médaille d'or parce qu'il s'entraîne beaucoup.

____

4. Vous n'*êtes* pas là demain? Quand est-ce que nous nous *voyons*, alors? ______________________________

____

5. Mes parents *vont* en France. Je *dois* leur apprendre un peu la langue. ______________________________

____

6. Je *réserve* une table au restaurant. Est-ce qu'il *mange* avec nous? ______________________________

____

2. **a) Weißt du noch, wie der *reale Bedingungssatz* mit *si* gebildet wird? Was drücken hierbei Neben- und Hauptsatz aus?**

Nebensatz	Hauptsatz
si (*si* = wenn/falls) + ______________________	______________________
______________________ ______________________	______________________ ______________________

b) Bilde *reale Bedingungssätze* mit *si*.
Setze hierzu die richtigen Verbformen ein.

1. S'il *(recevoir)* ______________________ une bonne note, on ne *(rire)* ______________________ plus de lui.
2. Si Mme Lacoste *(indiquer)* ______________________ bien le chemin, les élèves ne se *(perdre)* ______________________ pas.
3. Je te *(réserver)* ______________________ une place au cinéma, si tu *(être)* ______________________ en retard.
4. Si tu *(aller)* ______________________ en finale, tu *(gagner)* ______________________ peut-être la compétition.
5. Si tu *(acheter)* ______________________ ce beau magazine, tu *(voir)* ______________________ des photos de Superbus.

3. Bist du ein Siegertyp? Was möchtest du gewinnen? In Zukunft, also im *futur simple*?

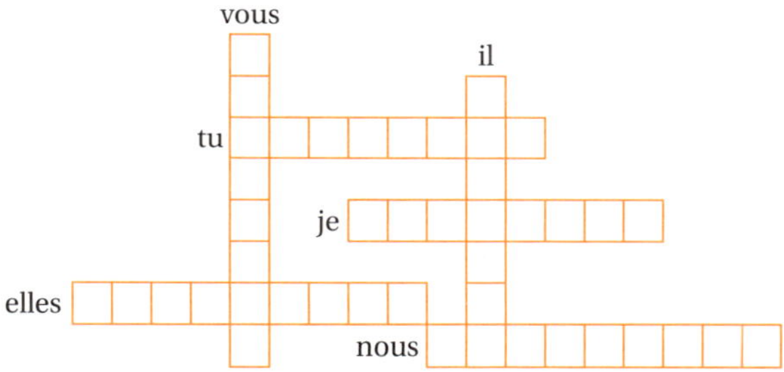

4. Freundschaft ist spitze! Setze in die richtige Zeit.

Louis: 1. J'________________ Guillaume à l'école.
(rencontrer)

2. Nous ________________ très amis.
(devenir)

3. L'année dernière, on n'____________ pas dans la même
(être)

classe mais ce n'était pas grave.

Marie: 4. Lorie et moi, on ______________ de la danse.
(faire)

5. Au début, je la ______________. 6. Puis, un jour
(détester)

on ____________, je l'______________ sympa.
(discuter) (trouver)

7. Depuis, c'________ ma meilleure copine. 8. Je lui
(être)

____________ confiance, on se ____________ tout.
(faire) (raconter)

TIPP Vermeide Fehler von Anfang an: Schreibe die neuen Vokabeln sorgfältig ab und kontrolliere mehrmals, ob du alles richtig geschrieben hast. Dazu gehören natürlich auch die *accents*, z. B. in *elle a déménagé*

D'abord: Vivre ensemble

vivre [vivʀ]	leben	**29**

vivre:
je vis, tu vis, il/elle/on vit,
nous vivons, vous vivez, ils/elles vivent,
j'ai ***vécu***

avoir lieu [avwaʀljø]	stattfinden	**5**
faire plaisir à qn [fɛʀplɛziʀa]	jdm. eine Freude machen/ jdm. gefallen	**6**

A Dans la cité des Rosiers

se dire qc [sədiʀ]	sich etw. sagen	**19a**
ne … ni … ni … [nə…ni…ni]	weder … noch	
déménager [demenaʒe]	umziehen	**1d**
regretter qn/qc [ʀəgʀɛte]	jdn./etw. bedauern/ vermissen	**1a**

B Agir … en aidant les autres

agir [aʒiʀ]	handeln	**3b**

Le verbe ***agir*** se conjugue comme ***finir***:
j'agis, tu agis, il/elle/on agit,
nous agissons, vous agissez, ils/elles agissent,
*j'****ai*** *agi*

LEÇON 2

permettre à qn de faire qc [pɛʀmɛtʀ]	jdm. erlauben etw. zu tun	**9**

Le verbe ***permettre*** se conjugue comme ***mettre***:
*je permet**s**, tu permet**s**, il/elle/on permet,*
*nous perme**ttons**, vous perme**ttez**, ils/elles perme**ttent**,*
*j'ai **permis***

apprendre qc [apʀɑ̃dʀ]	etw. erfahren	**8**
expulser qn [ɛkspylse]	jdn. ausweisen/abschieben	**1a**
décider de faire qc [desidedəfɛʀ]	entscheiden etw. zu tun	**1a**
se mobiliser [səmɔbilize]	sich mobilisieren/aktiv werden	**1aa**
participer à qc [paʀtisipe]	an etw. teilnehmen	**1a**
courir [kuʀiʀ]	laufen/rennen	**30**

courir:
je cours, tu cours, il/elle court,
nous courons, vous courez, ils/elles courent,
*passé composé: j'**ai couru**; imparfait: je courais,*
*futur: je cou**rr**ai; conditionnel: je cou**rr**ais*

demander à qn de faire qc [dəmɑ̃de]	jdn. bitten etw. zu tun	**1a**
sécher les cours *(fam.)* [seʃelekuʀ]	Schule schwänzen *(ugs.)*	**1e**

Le verbe ***sécher*** se conjugue comme ***préférer***:
*je s**è**che, tu s**è**ches, il/elle/on s**è**che,*
*nous séchons, vous séchez, ils/elles s**è**chent,*
*j'ai **séché***

obtenir qc [ɔbtəniʀ]	etw. erhalten/erreichen	**16**

Le verbe ***obtenir*** se conjugue comme ***venir***:
j'obtiens, tu obtiens, il/elle/on obtient,
nous obtenons, vous obtenez, ils/elles obtiennent,
j'ai ***obtenu***

se rendre compte de qc [səʀɑ̃dʀkɔ̃t]	sich einer Sache bewusst werden	**2**
avoir la chance de faire qc [avwaʀlaʃɑ̃s]	das Glück haben etw. zu tun	**5**

Atelier

2 **lutter contre qc** [lytekɔ̃tʀ]	gegen etw. kämpfen	**1a**

C La Loi du plus beau

Marc fait passer des entretiens.	Marc führt Bewerbungsgespräche.	**6**
toucher qc [tuʃe]	etw. berühren	**1a**
faire entrer qn [fɛʀɑ̃tʀe]	*hier:* jdn. hereinbitten	**6**
revoir qc [ʀəvwaʀ]	etw. noch einmal durchsehen	**12**

Le verbe ***revoir*** se conjugue comme ***voir***:
je revois, tu revois, il/elle/on revoit,
nous revoyons, vous revoyez, ils/elles revoient,
j'ai ***revu***

faire la connaissance de qn [fɛʀlakɔnɛsɑ̃sdə]	jds. Bekanntschaft machen	**6**
J'ai été charmé(e) de faire votre connaissance. [ʒeeteʃaʀmedə fɛʀvɔtʀkɔnɛsɑ̃s]	Es hat mich gefreut, Ihre Bekanntschaft zu machen/Sie kennen zu lernen.	
serrer la main [sɛʀelamɛ̃]	die Hand schütteln	**1a**

LEÇON 2

reculer [ʀəkyle]	zurückweichen	**1a**
se mettre à faire qc [səmɛtʀafɛʀ]	beginnen etw. zu tun	**9**
Tu parles…! [typaʀl]	Von wegen!/ Was du nicht sagst!	**1a**

1. **a) Zur Bildung des *conditionnel*: Wie würdest du sie erklären?**

Bei Verben auf *-er*:

____________ + ____________-Endungen:

____

Achte auf die Ausnahme bei Verben auf *-dre* und *-re:*

Infinitiv ohne *-e* + ____________-Endungen.

b) Julie: *Si mes rêves devenaient réalité…*

1. Je ____________ (chanter) devant des millions de fans.
2. 

Je ____________ (déménager) à Hollywood.
3. Je ____________ (faire) la connaissance de Ben Barnes.
4. Il m'____________ (aimer). 
5. 
Nous ____________ (vivre) dans une grande maison.
6. J'____________ (avoir) beaucoup de chance.

2. **Findest du die Formen von *obtenir?* Markiere die *Présent*-Formen in Gelb, die *Imparfait*-Formen in Blau, die *Futur*-Formen in Rot und die *Conditionnel*-Formen in Grün. (4x3 Möglichkeiten!)**

o	b	o	b	t	i	e	n	d	r	a	i	s	r	s	a
a	o	b	o	b	n	t	r	a	s	o	b	t	e	n	i
o	b	t	i	e	n	d	r	a	s	b	o	n	e	a	n
b	t	e	n	n	o	b	t	i	e	n	d	r	i	e	z
t	i	n	a	s	b	t	e	n	i	a	s	n	b	t	n
e	e	a	o	b	t	i	e	n	d	r	a	i	e	n	t
n	n	i	s	n	e	o	b	t	e	n	a	i	s	b	o
i	d	e	e	n	n	e	a	s	o	b	t	i	e	n	t
e	r	n	t	e	o	b	t	i	e	n	n	e	n	t	b
z	e	t	b	n	n	o	b	t	a	n	n	e	n	a	s
s	z	s	o	b	s	t	o	b	t	i	e	n	d	r	a

Na, haben dich die vielen Fallen irritiert?

3. **a) Wenn das Wörtchen *wenn* nicht wär' …**
Erinnerst du dich an die Bildung des *irrealen Bedingungssatzes* mit *si?* Was drücken hierbei Neben- und Hauptsatz aus?

Nebensatz	**Hauptsatz**
si (*si* = wenn/falls) + ________________	________________
________________ ________________	________________ ________________

b) Vervollständige so, dass jeweils ein *irrealer* Bedingungssatz entsteht!

1. Si j'____________ (être) plus grande, je ____________ (devenir) top-modèle.
2. Zut! S'il ____________ (faire) beau, j'____________ (aller) jouer au foot avec mes copains.
3. Si tu ____________ (sécher) les cours, ta mère ne ____________ (être) pas contente.
4. Si j'____________ (être) connu, je ____________ (lutter) contre la faim dans le monde.
5. S'il m'____________ (aimer), nous nous ____________ (marier).

4. Der Wind hat die Buchstaben durcheinander geweht! Kannst du die Formen von *vivre* wieder ordnen? Schreibe sie mit dem Personalpronomen auf.

1. isv ____________
2. zvvei ____________
3. itv ____________
4. uavc és ____________
5. evtniv ____________
6. vnsvio ____________

5. **Stein auf Stein ... das *gérondif*!**
Kennst du dich mit dessen Bildung und Gebrauch aus?

a) **Erarbeite dir (ohne Buch?) mithilfe der durcheinander geratenen Bausteine noch einmal dieses Grammatikkapitel!**

(dadurch, dass…)

Gleichzeitigkeit zweier Handlungen

Art und Weise eines Vorgangs/Geschehens

-ant

en +

Präsensstamm der 1. Person Plural

(während …)

1. Bildung:	
2. Gebrauch: a)	
b)	

b) **Bilde Sätze aus folgendem „Rohmaterial“.**
Je + rigoler + penser à vous → Je rigole *en pensant* à vous.

1. Je + se doucher + chanter

____.

2. Nous + parler + courir

____.

3. Il + faire ses devoirs + regarder la télé

____.

4. Tu + penser à moi + regarder cette photo

____.

5. Ils + regretter de partir + te voir pleurer

____

____.

LEÇON 3

TIPP Du sparst viel Zeit, wenn du bei Nomen und Adjektiven immer die weibliche Form mitlernst: **un pâtissier/une pâtissière**. Manche Wörter dagegen machen es dir leicht: un/une **colocataire**, **unique/unique**, un/une **baby-sitter**.

D'abord Apprentis européens

il faut que [ilfokə]	man muss/es ist nötig, dass …	**15**
Il faut que Pia se réveille tôt. [ilfokəpiasəʀevɛjto]	Pia muss früh aufstehen.	**15**
Elle veut que … [ɛlvøkə]	Sie möchte, dass …	**10**

N'oublie pas!
Il faut que … + SUBJONCTIF
Il veut que …

Elle veut que ses patrons soient contents d'elle. [ɛlvøkəsepatʀɔ̃swakɔ̃tɑ̃dɛl]	Sie möchte, dass ihre Chefs mit ihr zufrieden sind.	
apprendre qc à qn [apʀɑ̃dʀ]	jdm. etw. beibringen	**8**
profiter de qc [pʀɔfitedə]	von etw. profitieren	**1a**
avoir le courage de faire qc [avwaʀləkuʀaʒdəfɛʀ]	den Mut haben, etw. zu tun	**5**

A Vivre et travailler en Europe

être divorcé/divorcée [ɛtʀ(ə)divɔʀse]	geschieden sein	**4**

tenir qc [tәniʀ]	etw. halten	**16**

tenir:
Le verbe ***tenir*** se conjugue comme ***venir***:
*je **tiens**, tu **tiens**, il/elle/on **tient**,*
*nous **tenons**, vous **tenez**, ils/elles **tiennent**,*
*j'ai **tenu***

tenir un restaurant [tәniʀɛ̃ʀɛstɔʀɑ̃]	ein Restaurant führen	**16**
Il faut que je m'y mette. [ilfokәʒәmimɛt]	Ich muss mich daran machen.	**15**

Atelier

1	**proposer à qn de faire qc** [pʀɔpoze]	jdm. vorschlagen etw. zu tun	**1a**
7	**exprimer qc** [ɛkspʀime]	etw. ausdrücken	**1a**

B L'Europe et la paix

signifier qc [siɲifie]	etw. bedeuten	**1a**
former qc [fɔʀme]	etw. bilden	**1a**
représenter qc [ʀәpʀezɑ̃te]	etw. darstellen	**1a**
unir qc [yniʀ]	etw. vereinigen	**3b**

Le verbe ***unir*** se conjugue comme ***finir***:
j'unis, tu unis, il/elle/on unit,
*nous uni**ss**ons, vous uni**ss**ez, ils/elles uni**ss**ent,*
*j'**ai** uni*

introduire qc [ɛ̃tʀɔdɥiʀ]	etw. einführen	**26**

Le verbe ***introduire*** se conjugue comme ***conduire***:
j'introduis, tu introduis, il/elle/on introduit,
*nous introdui**sons**, vous introdui**sez**, ils/elles introdui**sent**,*
*j'**ai** introduit*

	circuler [sirkyle]	sich bewegen/ im Umlauf sein	1a

Atelier

1	**être sur le bon chemin** [ɛtrsyrləbɔ̃ʃ(ə)mɛ̃]	auf dem richtigen Weg sein	4
3	**améliorer qc** [ameljɔre]	etw. verbessern	1a
5	**interpréter** [ɛ̃tɛrprete]	interpretieren	1e

Le verbe ***interpréter*** se conjugue comme ***préférer***:
j'interprète, tu interprètes, il/elle/on interprète,
nous interprétons, vous interprétez, ils/elles interprètent,
j'ai interprété

souhaiter qc [swɛte]	etw. wünschen	1a

C L'Auberge espagnole

se promener [səprɔmne]	spazieren gehen	1cc

Le verbe ***se promener*** se conjugue comme ***s'acheter***:
je me promène, tu te promènes, il/elle/on se promène,
nous nous promenons, vous vous promenez,
ils/elles se promènent,
*je **me suis** promené(e)*

refuser de faire qc [rəfyzedəfɛr]	ablehnen etw. zu tun	1a
Ça n'a rien à voir. [sanarjɛ̃navwar]	Das hat nichts damit zu tun!	5
Je me fais passer pour une Française. [ʒəməfɛpasepurynfrɑ̃sɛz]	Ich gebe mich als Französin aus.	6

employer qn [ɑ̃plwaje]	jdn. beschäftigen	**1g**

Le verbe ***employer*** se conjugue comme ***essayer***:
*j'emplo**ie**, tu emplo**ies**, il/elle/on emplo**ie**,*
*nous employons, vous employez, ils/elles emplo**ient**,*
*j'**ai** employé*

augmenter qc [ɔgmɑ̃te]	etw. erhöhen	**1a**

1. a) Sachen gibt's, die gibt es gar nicht … im Deutschen. Finde mindestens vier Auslöser für den *subjonctif*:

b) Kannst du damit Sätze bilden? Bilde einen Satz pro Auslöser, verwende im Nebensatz die – zugegeben – gemeinen Verben:

être | avoir | pouvoir | aller | faire

2. *Signifier, interpréter, exprimer* … Setze das passende Verb in der passenden Form an den passenden Platz.

1. Estelle, je voudrais que tu me dises maintenant ce que cela ______________________________. *(présent)*
2. Je n'ai pas compris! Tu t'________ mal ________________. *(passé composé)*
3. Nous ______________________________________ cela *(imparfait)* de la mauvaise façon!
4. Je ne m'______________________________ pas sur ce sujet. *(futur simple)*
5. J'ai eu peur que tu ____________________________________ *(subjonctif)* mal mes paroles.
6. J'______ bien ____ *(passé composé)* le texte de Victor Hugo.
7. Un nouveau travail? Est-ce que cela ___________________ *(conditionnel)* qu'il faudrait déménager?
8. Je m'___________________________________ mieux quand *(présent)* j'ai mon dictionnaire.

3. Tiens, welche Form kannst du erkennen? Dann füg ein Pronomen hinzu und sag, um welche Zeit es sich handelt.

1. ensardit ______________________________
2. sneita ______________________________
3. ustov enan ______________________________
4. zinteried ______________________________
5. tanui vate ______________________________
6. nentiten ______________________________

LEÇON 3

4. Leben und leben lassen… Übersetze die Verben, trage sie dann unten ein, um das fehlende Mottowort zu finden.

Das ist unser Rat, um ein schönes Leben zu haben.

Zusatzaufgabe: ***Cherchez les deux intrus.***
Welche beiden Verben passen irgendwie :-) nicht?

1. lernen ______________________
2. essen ______________________
3. schlafen ______________________
4. feiern/Party machen ______________________
5. lachen ______________________
6. arbeiten ______________________
7. träumen ______________________
8. lieben ______________________

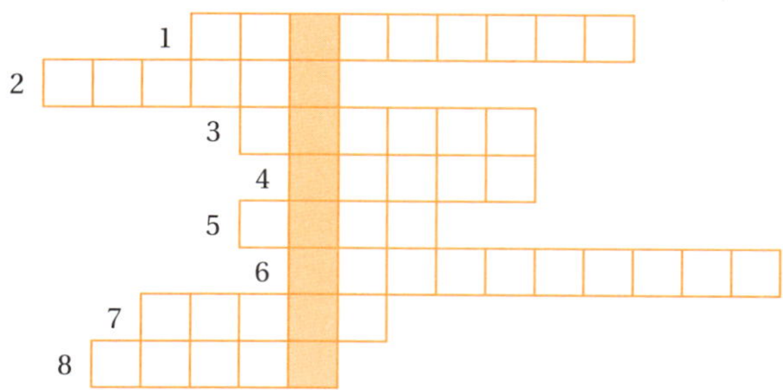

↓

Il faut ______________ de la vie!

LEÇON 4

TIPP Wörter, die mit Ländernamen oder anderen geografischen Bezeichnungen zu tun haben, lernst du am besten gebündelt und verankerst jede Wortgruppe im Gehirn durch einen Blick auf den Globus:
Madagascar,
la langue malgache,
un/une Malgache

D'abord Carnet de voyage

réaliser qc [ʀealize]	etw. wahr machen/ verwirklichen	1a

A Vie et mort de Vaval

être déguisé/déguisée [ɛtʀ(ə)degize]	verkleidet sein	
fêter qc [fɛte]	etw. feiern	1a
On y va! [õniva]	Auf geht's!/Los!	7
durer [dyʀe]	dauern/andauern	1a
brûler (qc) [bʀyle]	brennen/etw. verbrennen	1a
s'habiller en noir [sabijeãnwaʀ]	sich schwarz kleiden	1aa
sentir qc [sãtiʀ]	*hier:* etw. spüren/fühlen	3a
recommencer [ʀəkɔmãse]	wieder beginnen/ anfangen	1f

Le verbe ***recommencer*** se conjugue comme ***commencer***:
je recommence, tu recommences, il/elle/on recommence,
nous recommençons, vous recommencez,
ils/elles recommencent,
*j'**ai** recommencé*

être au chômage [ɛtʀoʃomaʒ]	arbeitslos sein	4

B Madagascar, l'île rouge

se trouver [sətʀuver]	sich befinden	**1aa**
garder qc [gaʀde]	etw. (fest-)halten/ behalten	**1a**
se cacher [səkaʃe]	sich verstecken	**1aa**
repartir [ʀəpaʀtiʀ]	*hier:* wieder verschwinden	**3a**
posséder qc [pɔsede]	etw. besitzen	**1e**

Le verbe ***posséder*** se conjugue comme ***préférer:***
*je poss**è**de, tu poss**è**des, il/elle/on poss**è**de,*
*nous poss**é**dons, vous poss**é**dez, ils/elles poss**è**dent,*
*j'ai poss**é**d**é***

sauver qn [sove]	jdn. retten	**1a**
envoyer qc/qn [ɑ̃vwaje]	etw./jdn. schicken	**31**

envoyer:
j' envoie, tu envoies, il/elle/on envoie,
nous envoyons, vous envoyez, ils/elles envoient,
*j'**ai** envoyé*

protéger qn/qc [pʀɔteʒe]	jdn./etw. schützen	**1d/e**

Le verbe ***protéger*** se conjugue comme ***préférer/manger***:
*je prot**è**ge, tu prot**è**ges, il/elle/on prot**è**ge,*
*nous prot**é**g**e**ons, vous prot**é**gez, ils/elles prot**è**gent,*
*j'**ai** prot**é**g**é***

C Vivre et survivre en Afrique

survivre [syʀvivʀ]	überleben	**29**

Le verbe ***survivre*** se conjugue comme ***vivre***:
je survis, tu survis, il/elle/on survit,
nous survivons, vous survivez, ils/elles survivent,
*j'ai **survécu***

construire qc [kõstʀɥiʀ]	etw. bauen	**26**

Le verbe ***construire*** se conjugue comme ***conduire***:
je construis, tu construis, il/elle/on construit,
*nous construi**sons**, vous construi**sez**, ils/elles construi**sent**,*
j'ai construit

fabriquer qc [fabʀike]	etw. herstellen	**1a**
traîner [tʀɛne]	herumliegen	**1a**
faire le tour du monde [fɛʀlətuʀdymõd]	*hier:* in die ganze Welt verkauft werden	**6**
toucher qn [tuʃe]	*hier:* jdn. betreffen	**1a**

1. Wenn das Wörtchen *wenn* nicht wär' ..., bräuchtest du dich nicht mit dem *conditionnel* herumzuärgern!

1. ... j' *(aller)* ______________ à New York pour voir les grands immeubles à 100 étages.
2. ... vous me *(retrouver)* ______________________ au carnaval à Rio.
3. ... nous *(manger)* __________________________ chez Bocuse.
4. ... je *(marcher)* ___________________________ sur la Grande muraille de Chine.
5. ... les esquimaux me *(construire)* ________________________ un igloo.
6. ... je *(traverser)* _____________________________ le Sahara.
7. ... ma maison *(être)* ____________________________ à Miami.

2. **Fast allein im Urwald! Was brauchst du? Vor allem ein paar Verben wie *sauver, protéger, survivre, construire, fabriquer, faire.* Wähle die passenden Verbformen.**

1. Je ____________________ dans la grande forêt depuis trois semaines. 2. J'____________________________ une petite maison en bois, je ________________________ du feu pour ne pas avoir froid et je me __________________________ des animaux avec une arme [= Waffe] en bois que j'___________ _____________. Un jour, je me promenais et j'ai vu un gros crocodile qui voulait manger le petit tigre. 3. J'ai couru le plus vite possible pour ____________________ le petit tigre. 4. Après, je l'ai apporté chez moi pour le _______________. 5. J'_____________________________ un petit lit pour lui et je lui ai donné à manger. 6. Je l'_____________________, j'étais fier! 7. Bientôt, c'est lui qui me ________________ ______________________ et me _______________________ si j'ai des problèmes !

3. a) **Finde jeweils drei Präsensformen zu den neuen Verben *posséder*, *garder* und *sentir* und markiere sie in der Tabelle.**

A	P	O	S	S	E	D	E	S	E	Z
S	R	A	E	P	O	S	S	I	F	G
E	S	N	N	A	S	E	N	S	N	S
R	G	A	T	E	N	O	A	S	E	N
P	O	S	O	S	D	E	S	E	A	S
O	N	T	N	O	N	Z	E	A	S	E
S	E	T	S	O	N	G	A	P	S	N
G	A	R	D	E	Z	A	N	O	D	T
A	P	S	S	O	T	R	A	S	N	E
R	D	E	R	P	O	D	S	S	E	N
P	P	P	O	S	S	E	D	E	N	T
P	O	D	O	P	G	O	A	D	R	E
O	S	P	G	G	A	R	D	E	S	O
A	S	S	E	D	E	Z	G	Z	E	N

b) **Bilde zu einigen „Fundstücken" die *plus-que-parfait*-Form.**

Präsensformen	***plus-que-parfait***
tu ______	tu ______
vous ______	vous ______
ils ______	ils ______
nous ______	nous ______
ils ______	ils ______
je/tu ______	j'/tu ______

TIPP Entspanne dich vor dem Vokabellernen. Am besten „sitzen" die Vokabeln übrigens, wenn du sie innerhalb von 24 Stunden dreimal wiederholst!

D'abord Un feu de forêt à Charleval

prendre feu [pʀɑ̃dʀ(ə)fø]	Feuer fangen	**8**
faire + *inf.* [fɛʀ]	veranlassen, dass …	**6**
Les pompiers nous ont fait aller au gymnase.	Die Feuerwehrleute haben uns in die Turnhalle geschickt.	
avoir peur pour qn/qc [avwaʀpœʀpuʀ]	Angst um jdn./etw. haben	**5**
rassurer qn [ʀasyʀe]	jdn. beruhigen	**1a**
poster qc [pɔste]	etw. (bei der Post) aufgeben; *hier:* ins Internet stellen	**1a**

A Ça va durer longtemps?

avoir l'habitude de faire qc [avwaʀlabityddəfɛʀ]	die Gewohneit haben, etw. zu tun	**5**
… n'est-ce pas? [nɛspa]	… , nicht?/… oder?	**4**
revoir qn [ʀəvwaʀ]	jdn. wiedersehen	**12**

Le verbe ***revoir*** se conjugue comme ***voir***:
je revois, tu revois, il/elle/on revoit,
nous revoyons, vous revoyez, ils/elles revoient,
j'ai ***revu***

B A la ferme des Pagano

suivre qn [sɥivʀ]	jdm. folgen	**32**

suivre:
je suis, tu suis, il/elle/on suit,
*nous sui**vons**, vous sui**vez**, ils/elles sui**vent**,*
*j'ai sui**vi***

récolter qc [ʀekɔlte]	etw. ernten	**1a**
sécher qc [seʃe]	etw. trocknen	**1e**
faire sécher qc [fɛʀseʃe]	etw. trocknen lassen	**6**
parfumer qc [paʀfyme]	etw. parfümieren	**1a**
prendre l'apéritif [pʀɑ̃dʀ(ə)lapeʀitif]	einen Aperitif nehmen	**8**

Atelier

1	**recevoir qn** [ʀəsəvwaʀ]	jdn. empfangen	**27**

recevoir:
*je **reçois**, tu **reçois**, il/elle/on **reçoit**,*
*nous **recevons**, vous **recevez**, ils/elles **reçoivent**,*
j'ai reçu

C Ce qu'il faut voir à Marseille … / Une journée à Marseille

partir de … [paʀtiʀdə]	abfahren/starten in …	**3a (+être)**
goûter qc [gute]	etw. probieren/kosten	**1a**
commencer qc par qc [kɔmɑ̃se]	etw. mit etw. beginnen	**1f**

Atelier

5	**impressionner qn** [ɛ̃pʀesjɔne]	jdn. beeindrucken	**1a**
7	**ressembler à qc** [ʀəsɑ̃ble]	etw. ähneln	**1a**

1. a) Setze folgende Aktivsätze in Passivsätze um:

1. La police a arrêté le voleur.

____.

2. M. Michel a acheté cette maison.

____.

3. On a construit la tour Eiffel en1889.

____.

4. On a mangé tout le chocolat.

____.

b) Setze folgende Passivsätze in Aktivsätze um:

1. Ce gâteau a été préparé par ma sœur.

____.

2. Elle est très aimée de ses camarades.

____.

3. Le film a été tourné à Marseille.

____.

4. La Joconde a été créée par Léonard de Vinci.

____.

2. Solène spricht mit ihrem Bruder Marc… Setze ihren Dialog in indirekte Rede. Achte auf die Zeiten!

a) Est-ce que tu as mangé tout le pain ?

J'avais faim quand je suis rentré de l'école.

Solène demande ______________________________

____ .

Marc répond ________________________________

____ .

Est-ce que tu vas à la fête de Justine?

J'y vais avec mes copines.

Marc a demandé ______________________________

____ .

Solène a répondu _____________________________

____ .

b)

Est-ce que tu as vu mon T-shirt noir?

Je l'ai vu dans la salle de bains.

Solène a demandé ____

____.

Marc a répondu ____

____.

Est-ce que tu rentres tard ce soir?

Je ne le sais pas.

Marc a demandé ____

____.

Solène a répondu ____

____.

3. Marseille besichtigen… , Marseille wird besichtigt. Ergänze die fehlenden Verbformen im Aktiv oder Passiv, aber immer im *présent*.

récolter prendre l'apéritif
falloir goûter être se promener vendre
pouvoir visiter être rencontrer
parler avoir offrir faire sentir

1. Il ________ aller à Marseille en été. Les gens ______________ sympas et il __________ chaud. La lavande ________________, ça __________ bon! 2. Le matin, on ___________________ sur le Vieux-Port, on ______________________ plein de pêcheurs. 3. Les poissons _________________ pas cher. 4. L'après-midi, on ___________________ aller à la plage ou voir les Calanques. 5. Le Château d'If ______________ très _________________ par les touristes. 6. Le soir, on ___________________________ sur la Canebière, puis on _____________ la bouillabaisse, la soupe de poissons marseillaise qui _____________________________ partout dans le port. 7. Il y __________ beaucoup de gens et tout le monde ________________________. 8. Les vacances à Marseille, c'________ génial!

4. Spielen wir noch einmal ... Verbinde die Bilder mit dem passenden Verb und bilde einen Satz.

avoir peur   rire   courir   gagner
se cacher   ressembler à

Zu den Verbtabellen

Die Verben werden in **vier** Gruppen eingeteilt:

die **Gruppe 1** mit den **„normalen" Verben auf** ***-er*** und mit denen, die eine **kleine „Macke"** haben **(1b - 1g)**,

die **Gruppe 2** mit den **Verben auf** ***-dre***,

die **Gruppe 3** mit den **Verben auf** ***-ir***. In dieser Verbgruppe hast du bereits die Gruppe 3a (Gruppe *dormir*) kennen gelernt. Nun kommt die **Gruppe 3b** (Gruppe *finir*) neu hinzu, dir ist bisher lediglich der Ausdruck *Choisissez.* (Wählt aus.) in TE 1, 6C Übungsanweisung, begegnet.

die **Gruppe (ab) 4** besteht aus den **unregelmäßigen Verben**, sie werden einzeln durchnummeriert.

Die Doppelbuchstaben (aa, bb, cc) kennzeichnen die reflexiven Verben der Gruppen 1–3. In der Gruppe ab 4 werden aus Platzgründen die Formen der reflexiven Verben nicht mehr gesondert aufgeführt.

In den folgenden Bänden werden die Verbtabellen sowohl um die neu hinzukommenden Zeiten als auch um die neuen unregelmäßigen Verben erweitert.

1 Die Verben auf *-er: -e, -es, -e, -ons, -ez, -ent*

1a	**chercher** (suchen)					TE I 3 A, G7
Präsens		**Passé composé**			**Imperativ**	
je	cherch**e**	j'	ai	**cherché**		
tu	cherch**es**	tu	as	**cherché**	Cherche.	
il/elle/on	cherch**e**	il/elle/on	a	**cherché**	Cherchons.	
nous	cherch**ons**	nous	avons	**cherché**	Cherchez.	
vous	cherch**ez**	vous	avez	**cherché**		
ils/elles	cherch**ent**	ils/elles	ont	**cherché**		
Imparfait		**Plus-que-parfait**			**Subjonctif présent**	
je	cherch**ais**	j'	avais	cherché	je	cherch**e**
tu	cherch**ais**	tu	avais	cherché	tu	cherch**es**
il/elle/on	cherch**ait**	il/elle/on	avait	cherché	il/elle/on	cherch**e**
nous	cherch**ions**	nous	avions	cherché	nous	cherch**ions**
vous	cherch**iez**	vous	aviez	cherché	vous	cherch**iez**
ils/elles	cherch**aient**	ils/elles	avaient	cherché	ils/elles	cherch**ent**
Futur simple		**Conditionnel présent**				
je	**chercherai**	je	**chercherais**			
tu	chercher**as**	tu	chercher**ais**			
il/elle/on	chercher**a**	il/elle/on	chercher**ait**			
nous	chercher**ons**	nous	chercher**ions**			
vous	chercher**ez**	vous	chercher**iez**			
ils/elles	chercher**ont**	ils/elles	chercher**aient**			

Ebenso: Alle regelmäßigen Verben auf *-er*.

Beachte: Die Verben **arriver** (ankommen), **entrer** (eintreten), **monter** (ein-/hinaufsteigen), **passer** (im Sinne von: vorbeigehen/-fahren/-kommen), **tomber** (fallen), **rentrer** (zurückkehren), **rester** (bleiben) bilden das **Passé composé** mit **être**.

1aa	**se laver** (sich waschen)		(reflexive Verben)				[TE II M2, G 37], TE III 2E G 5		
Präsens			**[Passé composé]**				**Imperativ**		
je	me	lav**e**	je	me	suis	lavé(e)			
tu	te	lav**es**	tu	t'	es	lavé(e)	Lave	– toi.	
il/elle/on	se	lav**e**	il/elle/on	s'	est	lavé(c)	Lavons	– nous.	
nous	nous	lav**ons**	nous	nous	sommes	lavé(e)s	Lavez	– vous.	
vous	vous	lav**ez**	vous	vous	êtes	lavé(e)s			
ils/elles	se	lav**ent**	ils/elles	se	sont	lavé(e)s			
Imparfait			**Plus-que-parfait**				**Subjonctif présent**		
je	me	lav**ais**	je	m'	étais	lavé(e)	je	me	lav**e**
tu	te	lav**ais**	tu	t'	étais	lavé(e)	tu	te	lav**es**
il/elle/on	se	lav**ait**	il/elle/on	s'	était	lavé(e)	il/elle/on	se	lav**e**
nous	nous	lav**ions**	nous	nous	étions	lavé(e)s	nous	nous	lav**ions**
vous	vous	lav**iez**	vous	vous	étiez	lavé(e)s	vous	vous	lav**iez**
ils/elles	se	lav**aient**	ils/elles	s'	étaient	lavé(e)s	ils/elles	se	lav**ent**
Futur simple			**Conditionnel présent**						
je	me	**laverai**	je	me	**laverais**				
tu	te	laver**as**	tu	te	laver**ais**				
il/elle/on	se	laver**a**	il/elle/on	se	laver**ait**				
nous	nous	laver**ons**	nous	nous	laver**ions**				
vous	vous	laver**ez**	vous	vous	laver**iez**				
ils/elles	se	laver**ont**	ils/clles	se	laver**aient**				

Ebenso: s'amuser (sich amüsieren) TE I [M2], **se calmer** (sich beruhigen), **se réveiller** (wach werden/aufwachen), **se dépêcher** (sich beeilen), **s'habiller** (sich anziehen), **se coiffer** (sich kämmen), **se regarder** (sich ansehen), **s'énerver** (sich aufregen) TE II [M2, G 37].

1b	**appeler** (nennen)				<TE II 6Z>, TE III 3A	
Präsens		**[Passé composé]**			**Imperativ**	
j'	appel**le**	j'	ai	appelé		
tu	appel**les**	tu	as	appelé	Appelle.	
il/elle/on	appel**le**	il/elle/on	a	appelé	Appe**l**ons.	
nous	appe**lons**	nous	avons	appelé	Appe**l**ez.	
vous	appe**lez**	vous	avez	appelé		
ils/elles	appel**lent**	ils/elles	ont	appelé		
Imparfait		**Plus-que-parfait**			**Subjonctif présent**	
j'	appel**ais**	j'	avais	appelé	j'	appel**le**
tu	appel**ais**	tu	avais	appelé	tu	appel**les**
il/elle/on	appel**ait**	il/elle/on	avait	appelé	il/elle/on	appel**le**
nous	appe**lions**	nous	avions	appelé	nous	appe**lions**
vous	appe**liez**	vous	aviez	appelé	vous	appe**liez**
ils/elles	appel**aient**	ils/elles	avaient	appelé	ils/elles	appel**lent**
Futur simple		**Conditionnel présent**				
j'	**appellerai**	j'	**appellerais**			
tu	appeller**as**	tu	appeller**ais**			
il/elle/on	appeller**a**	il/elle/on	appeller**ait**			
nous	appeller**ons**	nous	appeller**ions**			
vous	appeller**ez**	vous	appeller**iez**			
ils/elles	appeller**ont**	ils/elles	appeller**aient**			

Ebenso: rappeler (zurückrufen/wieder anrufen), TE III 5B, 4.

1bb **s'appeler** (heißen) (reflexive Verben) TE III 3C

Präsens		
je	m'	appelle
tu	t'	appelles
il/elle/on	s'	appelle
nous	nous	appe**l**ons
vous	vous	appe**l**ez
ils/elles	s'	appellent

Passé composé			
je	me	suis	appelé(e)
tu	t'	es	appelé(e)
il/elle/on	s'	est	appelé(e)
nous	nous	sommes	appelé(e)s
vous	vous	êtes	appelé(e)s
ils/elles	se	sont	appelé(e)s

Imperativ	
Appelle	– toi.
Appe**l**ons	– nous.
Appe**l**ez	– vous.

Imparfait		
je	m'	appel**ais**
tu	t'	appel**ais**
il/elle/on	s'	appel**ait**
nous	nous	appel**ions**
vous	vous	appel**iez**
ils/elles	s'	appel**aient**

Plus-que-parfait			
je	m'	étais	appelé(e)
tu	t'	étais	appelé(e)
il/elle/on	s'	était	appelé(e)
nous	nous	étions	appelé(e)s
vous	vous	étiez	appelé(e)s
ils/elles	s'	étaient	appelé(e)s

Subjonctif présent		
je	m'	appelle
tu	t'	appelles
il/elle/on	s'	appelle
nous	nous	appe**li**ons
vous	vous	appe**li**ez
ils/elles	s'	appellent

Futur simple		
je	m'	**appellerai**
tu	t'	appeller**as**
il/elle/on	s'	appeller**a**
nous	nous	appeller**ons**
vous	vous	appeller**ez**
ils/elles	s'	appeller**ont**

Conditionnel présent		
je	m'	**appellerais**
tu	t'	appeller**ais**
il/elle/on	s'	appeller**ait**
nous	nous	appeller**ions**
vous	vous	appeller**iez**
ils/elles	s'	appeller**aient**

1c	**acheter** (kaufen)						TE I 7A,G 29
Präsens		**Passé composé**				**Imperativ**	
j'	achète	j'	ai	acheté			
tu	achètes	tu	as	acheté		Achète.	
il/elle/on	achète	il/elle/on	a	acheté		Achetons.	
nous	achetons	nous	avons	acheté		Achetez.	
vous	achetez	vous	avez	acheté			
ils/elles	achètent	ils/elles	ont	acheté			
Imparfait		**Plus-que-parfait**				**Subjonctif présent**	
j'	achet**ais**	j'	avais	acheté		j'	achète
tu	achet**ais**	tu	avais	acheté		tu	achètes
il/elle/on	achet**ait**	il/elle/on	avait	acheté		il/elle/on	achète
nous	achet**ions**	nous	avions	acheté		nous	achetions
vous	achet**iez**	vous	aviez	acheté		vous	achetiez
ils/elles	achet**aient**	ils/elles	avaient	acheté		ils/elles	achètent
Futur simple		**Conditionnel présent**					
j'	**achèterai**	j'	**achèterais**				
tu	**achèteras**	tu	**achèterais**				
il/elle/on	**achètera**	il/elle/on	**achèterait**				
nous	**achèterons**	nous	**achèterions**				
vous	**achèterez**	vous	**achèteriez**				
ils/elles	**achèteront**	ils/elles	**achèteraient**				

Ebenso: enlever qc (ausziehen), TE III 4E und **emmener** (mitnehmen), TE II 6A.

Verbtabellen

1cc **s'acheter** (sich kaufen) (reflexive Verben) TE III 2E, G 5

Präsens

je	m'	achète
tu	t'	achètes
il/elle/on	s'	achète
nous	nous	achetons
vous	vous	achetez
ils/elles	s'	achètent

Passé composé

je	**me**	suis	acheté(e)
tu	**t'**	es	acheté(e)
il/elle/on	s'	est	acheté(e)
nous	nous	sommes	acheté(e)s
vous	vous	êtes	acheté(e)s
ils/elles	se	sont	acheté(e)s

Imperativ

Achète	– toi.
Achetons	– nous.
Achetez	– vous.

Imparfait

j'	m'	achet**ais**
tu	t'	achet**ais**
il/elle/on	s'	achet**ait**
nous	nous	achet**ions**
vous	vous	achet**iez**
ils/elles	s'	achet**aient**

Plus-que-parfait

je	m'	étais	acheté(e)
tu	t'	étais	acheté(e)
il/elle/on	s'	était	acheté(e)
nous	nous	étions	acheté(e)s
vous	vous	étiez	acheté(e)s
ils/elles	s'	étaient	acheté(e)s

Subjonctif présent

je	m'	achète
tu	t'	achètes
il/elle/on	s'	achète
nous	nous	achetions
vous	vous	achetiez
ils/elles	s'	achètent

Futur simple

je	m'	**achèterai**
tu	t'	**achèteras**
il/elle/on	s'	**achètera**
nous	nous	**achèterons**
vous	vous	**achèterez**
ils/elles	s'	**achèteront**

Conditionnel présent

je	m'	**achèterais**
tu	t'	**achèterais**
il/elle/on	s'	**achèterait**
nous	nous	**achèterions**
vous	vous	**achèteriez**
ils/elles	s'	**achèteraient**

Ebenso: se lever (aufstehen), TE III 2A und **se promener** (spazieren gehen) TE IV 3C.

1d	**manger** (essen)				TE I 7C, G 32	
Präsens		**Passé composé**			**Imperativ**	
je	mange	j'	ai	mangé		
tu	manges	tu	as	mangé	Mange.	
il/elle/on	mange	il/elle/on	a	mangé	Man**ge**ons.	
nous	man**ge**ons	nous	avons	mangé	Mangez.	
vous	mangez	vous	avez	mangé		
ils/elles	mangent	ils/elles	ont	mangé		
Imparfait		**Plus-que-parfait**			**Subjonctif présent**	
je	mang**eais**	j'	avais	mangé	je	**mange**
tu	mang**eais**	tu	avais	mangé	tu	manges
il/elle/on	mang**eait**	il/elle/on	avait	mangé	il/elle/on	mange
nous	man**gions**	nous	avions	mangé	nous	man**gi**ons
vous	man**giez**	vous	aviez	mangé	vous	mangiez
ils/elles	mang**eaient**	ils/elles	avaient	mangé	ils/elles	mangent
Futur simple		**Conditionnel présent**				
je	**mangerai**	je	**mangerais**			
tu	manger**as**	tu	manger**ais**			
il/elle/on	manger**a**	il/elle/on	manger**ait**			
nous	manger**ons**	nous	manger**ions**			
vous	manger**ez**	vous	manger**iez**			
ils/elles	manger**ont**	ils/elles	manger**aient**			

Ebenso: corriger (korrigieren) TE I 4B, 2, Übungsanweisung, **bouger** (sich bewegen) TE I 9, **nager** (schwimmen) TE II 1, **déranger** (stören) TE II 2A, **interroger** (befragen) TE II 2A, **partager** (teilen) TE II 2B, **ranger** (aufräumen) TE II 4A, **changer** (wechseln, umsteigen) TE II 6C, **voyager** (reisen) TE III 6A, **déménager** (umziehen) TE IV 2A, **protéger** (be)schützen TE IV 4B.

1dd **se changer** (sich ändern) (reflexive Verben) TE III 2A, G 5 32

Präsens		
je	me	change
tu	te	changes
il/elle/on	se	change
nous	nous	changeons
vous	vous	changez
ils/elles	se	changent

Passé composé			
je	me	suis	changé(e)
tu	t'	es	changé(e)
il/elle/on	s'	est	changé(e)
nous	nous	sommes	changé(e)s
vous	vous	êtes	changé(e)s
ils/elles	se	sont	changés/ées

Imperativ	
Change	– toi.
Changeons	– nous.
Changez	– vous.

Imparfait		
je	me	chang**eais**
tu	te	chang**eais**
il/elle/on	se	chang**eait**
nous	nous	chang**ions**
vous	vous	chang**iez**
ils/elles	se	chang**eaient**

Plus-que-parfait			
je	m'	étais	changé(e)
tu	t'	étais	changé(e)
il/elle/on	s'	était	changé(e)
nous	nous	étions	changé(e)s
vous	vous	étiez	changé(e)s
ils/elles	s'	étaient	changé(e)s

Subjonctif présent		
je	me	**change**
tu	te	changes
il/elle/on	se	change
nous	nous	changions
vous	vous	changiez
ils/elles	se	changent

Futur simple		
je	me	**changerai**
tu	te	change**ras**
il/elle/on	se	change**ra**
nous	nous	change**rons**
vous	vous	change**rez**
ils/elles	se	change**ront**

Conditionnel présent		
je	me	**changerais**
tu	te	change**rais**
il/elle/on	se	change**rait**
nous	nous	change**rions**
vous	vous	change**riez**
ils/elles	se	change**raient**

1e	**préférer** (vorziehen)					TE I 7C, G 33
Präsens		**Passé composé**			**Imperativ**	
je	préf**è**re	j'	ai	préféré		
tu	préf**è**res	tu	as	préféré	Préf**è**re.	
il/elle/on	préf**è**re	il/elle/on	a	préféré	Préférons.	
nous	préférons	nous	avons	préféré	Préférez.	
vous	préférez	vous	avez	préféré		
ils/elles	préf**è**rent	ils/elles	ont	préféré		
Imparfait		**Plus-que-parfait**			**Subjonctif présent**	
je	préfér**ais**	j'	avais	préféré	je	préf**è**re
tu	préfér**ais**	tu	avais	préféré	tu	préf**è**res
il/elle/on	préfér**ait**	il/elle/on	avait	préféré	il/elle/on	préf**è**re
nous	préfér**ions**	nous	avions	préféré	nous	préférions
vous	préfér**iez**	vous	aviez	préféré	vous	préfériez
ils/elles	préfér**aient**	ils/elles	avaient	préféré	ils/elles	préf**è**rent
Futur simple		**Conditionnel présent**				
je	préf**è**rer**ai**	je	préf**è**rer**ais**			
tu	préf**è**rer**as**	tu	préf**è**rer**ais**			
il/elle/on	préf**è**rer**a**	il/elle/on	préf**è**rer**ait**			
nous	préf**è**rer**ons**	nous	préf**è**rer**ions**			
vous	préf**è**rer**ez**	vous	préf**è**rer**iez**			
ils/elles	préf**è**rer**ont**	ils/elles	préf**è**rer**aient**			

Ebenso: répéter (wiederholen) TE III 1E, **espérer** (hoffen) TE III 1B, **exagérer** (übertreiben) TE III 1B, **sécher les cours** (Schule schwänzen) TE IV 2B, **interpréter** (übersetzen) TE IV 3B, **posséder** (besitzen) TE IV 4B, **protéger** (schützen) TE IV 4B.

1ee **s'inquiéter** (sich Sorgen machen) (reflexive Verben) TE III 4B

Präsens			Passé composé				Imperativ		
je	m'	inquiète	je	me	**suis**	inquiété(e)			
tu	t'	inquiètes	tu	t'	**es**	inquiété(e)	Inquiète – toi.		
il/elle/on	s'	inquiète	il/elle/on	s'	**est**	inquiété(e)	Inquiétons – nous.		
nous	nous	inquiétons	nous	nous	**sommes**	inquiété(e)s	Inquiétez – vous.		
vous	vous	inquiétez	vous	vous	**êtes**	inquiété(e)s			
ils/elles	s'	inquiètent	ils/elles	se	**sont**	inquiété(e)s			
Imparfait			**Plus-que-parfait**				**Subjonctif présent**		
je	m'	inquiét**ais**	je	m'	étais	inquiété(e)	je	m'	inquiète
tu	t'	inquiét**ais**	tu	t'	étais	inquiété(e)	tu	t'	inquiètes
il/elle/on	s'	inquiét**ait**	il/elle/on	s'	était	inquiété(e)	il/elle/on	s'	inquiète
nous	nous	inquiét**ions**	nous	nous	étions	inquiété(e)s	nous	nous	inquiétions
vous	vous	inquiét**iez**	vous	vous	étiez	inquiété(e)s	vous	vous	inquiétiez
ils/elles	s'	inquiét**aient**	ils/elles	s'	étaient	inquiété(e)s	ils/elles	s'	inquiètent
Futur simple			**Conditionnel présent**						
je	m'	inquièter**ai**	je	m'	inquièter**ais**				
tu	t'	inquièter**as**	tu	t'	inquièter**ais**				
il/elle/on	s'	inquièter**a**	il/elle/on	s'	inquièter**ait**				
nous	nous	inquièter**ons**	nous	nous	inquièter**ions**				
vous	vous	inquièter**ez**	vous	vous	inquièter**iez**				
ils/elles	s'	inquièter**ont**	ils/elles	s'	inquièter**aient**				

1f	**commencer** (anfangen)				(lexikalisch eingeführt: TE I 8A)	
Präsens		**Passé composé**			**Imperativ**	
je	commence	j'	ai	commencé		
tu	commences	tu	as	commencé	Commence.	
il/elle/on	commence	il/elle/on	a	commencé	Commençons.	
nous	commençons	nous	avons	commencé	Commencez.	
vous	commencez	vous	avez	commencé		
ils/elles	commencent	ils/elles	ont	commencé		
Imparfait		**Plus-que-parfait**			**Subjonctif présent**	
je	commen**çais**	j'	avais	commencé	je	commence
tu	commen**çais**	tu	avais	commencé	tu	commences
il/elle/on	commen**çait**	il/elle/on	avait	commencé	il/elle/on	commence
nous	commen**cions**	nous	avions	commencé	nous	commen**ci**ons
vous	commen**ciez**	vous	aviez	commencé	vous	commenciez
ils/elles	commen**çaient**	ils/elles	avaient	commencé	ils/elles	commencent
Futur simple		**Conditionnel présent**				
je	**commencerai**	je	**commencerais**			
tu	commenc**eras**	tu	commenc**erais**			
il/elle/on	commenc**era**	il/elle/on	commenc**erait**			
nous	commenc**erons**	nous	commenc**erions**			
vous	commenc**erez**	vous	commenc**eriez**			
ils/elles	commenc**eront**	ils/elles	commenc**eraient**			

Ebenso: remplacer (ersetzen) TE I[M1], TE II[M5], Übungsanw. TE II 6E, **lancer** (werfen) TE II [M1], TE III 3B, **recommencer** TE IV 4A.

Beachte: commencer (anfangen) hat wie **acheter (s. 1c)** und **préférer (s. 1e)** Besonderheiten in Schreibung und Aussprache.

1g **essayer** (versuchen) (lexikalisch eingeführt: TE II 3A)

Präsens	
j'	essa**ie**
tu	essa**ies**
il/elle/on	essa**ie**
nous	essa**yons**
vous	essa**yez**
ils/elles	essa**ient**

Passé composé		
j'	ai	essayé
tu	as	essayé
il/elle/on	a	essayé
nous	avons	essayé
vous	avez	essayé
ils/elles	ont	essayé

Imperativ
Essa**ie**.
Essayons.
Essayez.

Imparfait	
j'	essay**ais**
tu	essay**ais**
il/elle/on	essay**ait**
nous	essay**ions**
vous	essay**iez**
ils/elles	essay**aient**

Plus-que-parfait		
j'	avais	essayé
tu	avais	essayé
il/elle/on	avait	essayé
nous	avions	essayé
vous	aviez	essayé
ils/elles	avaient	essayé

Subjonctif présent	
j'	essa**ie**
tu	essa**ies**
il/elle/on	essa**ye**
nous	essa**yions**
vous	essa**yiez**
ils/elles	ess**aient**

Futur simple	
j'	**essaierai**
tu	essa**ieras**
il/elle/on	essa**iera**
nous	essa**ierons**
vous	essa**ierez**
ils/elles	essa**ieront**

Conditionnel présent	
j'	**essaierais**
tu	essa**ierais**
il/elle/on	essa**ierait**
nous	essa**ierions**
vous	essa**ieriez**
ils/elles	essa**ieraient**

Ebenso: payer (bezahlen) TE III 5A und **employer** (beschäftigen) TE IV 3C.

2 Die Verben auf *-dre: -s, -s, -d, -ons, -ez, -ent*

2	**attendre** (warten)				[TE I M 1, G 39]; TE II 5C, G 27	
Präsens		**Passé composé (mit *avoir*)**			**Imperativ**	
j'	attend**s**	j'	ai	attendu		
tu	attend**s**	tu	as	attendu	Attend**s**.	
il/elle/on	atten**d**	il/elle/on	a	attendu	Attend**ons**.	
nous	attend**ons**	nous	avons	attendu	Attend**ez**.	
vous	attend**ez**	vous	avez	attendu		
ils/elles	attend**ent**	ils/elles	ont	attendu		
Imparfait		**Plus-que-parfait**			**Subjonctif présent**	
j'	attend**ais**	j'	avais	attendu	j'	**attende**
tu	attend**ais**	tu	avais	attendu	tu	attendes
il/elle/on	attend**ait**	il/elle/on	avait	attendu	il/elle/on	attende
nous	attend**ions**	nous	avions	attendu	nous	attendions
vous	attend**iez**	vous	aviez	attendu	vous	attendiez
ils/elles	attend**aient**	ils/elles	avaient	attendu	ils/elles	attendent
Futur simple		**Conditionnel présent**				
j'	**attendrai**	j'	**attendrais**			
tu	attendr**as**	tu	attendr**ais**			
il/elle/on	attendr**a**	il/elle/on	attendr**ait**			
nous	attendr**ons**	nous	attendr**ions**			
vous	attendr**ez**	vous	attendr**iez**			
ils/elles	attendr**ont**	ils/elles	attendr**aient**			

Ebenso: vendre (verkaufen) TE 1, [M1], TE II 7, **répondre** (antworten) TE 1, [M1], TE II 5C, **entendre** (hören) TE 1 [M1], TE II 5C, **perdre** (verlieren) TE 1, [M2], TE II 5C, **rendre** TE II 7 [Z], TE III 3B, **descendre** (hinuntergehen) TE II 5C, G27 (s. unten).

2 **descendre** (aussteigen/hinuntergehen)						TE II 5C, G 27	
Präsens		**Passé composé (mit *être*)**				**Imperativ**	
je	descend**s**	je	**suis**	descendu(**e**)			
tu	descend**s**	tu	**es**	descendu(**e**)		Descend**s**.	
il/elle/on	descen**d**	il/**elle**/on	**est**	descendu(**e**)		Descend**ons**.	
nous	descend**ons**	nous	**sommes**	descendu(**e**)**s**		Descend**ez**.	
vous	descend**ez**	vous	**êtes**	descendu(**e**)**s**			
ils/elles	descend**ent**	ils/elles	**sont**	descendu(**e**)**s**			
Imparfait		**Plus-que-parfait**				**Subjonctif présent**	
je	descend**ais**	j'	étais	descendu(**e**)		je	**descende**
tu	descend**ais**	tu	étais	descendu(**e**)		tu	descendes
il/elle/on	descend**ait**	il/elle/on	était	descendu(**e**)		il/elle/on	descende
nous	descend**ions**	nous	étions	descendu(**e**)**s**		nous	descendions
vous	descend**iez**	vous	étiez	descendu(**e**)**s**		vous	descendiez
ils/elles	descend**aient**	ils/elles	étaient	descendu(**e**)**s**		ils/elles	descendent
Futur simple		**Conditionnel présent**					
je	**descendrai**	je	**descendrais**				
tu	descendr**as**	tu	descendr**ais**				
il/elle/on	descendr**a**	il/elle/on	descendr**ait**				
nous	descendr**ons**	nous	descendr**ions**				
vous	descendr**ez**	vous	descendr**iez**				
ils/elles	descendr**ont**	ils/elles	descendr**aient**				

Beachte: descendre (hinuntergehen) TE II 5C, bildet das *Passé composé* mit **être**.

3 Die Verben auf *-ir: -s, -s, -t, -ons, -ez, -ent*

3a	**(Gruppe *dormir*) dormir** (schlafen)					TE II 4B, G 20
Präsens		**Passé composé**			**Imperativ**	
je	dor**s**	j'	ai	dorm**i**		
tu	dor**s**	tu	as	dorm**i**	Dor**s**.	
il/elle/on	dor**t**	il/elle/on	a	dorm**i**	Dor**mons**.	
nous	dorm**ons**	nous	avons	dorm**i**	Dor**mez**.	
vous	dorm**ez**	vous	avez	dorm**i**		
ils/elles	dorm**ent**	ils/elles	ont	dorm**i**		
Imparfait		**Plus-que-parfait**			**Subjonctif présent**	
je	dorm**ais**	j'	avais	dormi	je	dorm**e**
tu	dorm**ais**	tu	avais	dormi	tu	dorm**es**
il/elle/on	dorm**ait**	il/elle/on	avait	dormi	il/elle/on	dorm**e**
nous	dorm**ions**	nous	avions	dormi	nous	dorm**ions**
vous	dorm**iez**	vous	aviez	dormi	vous	dorm**iez**
ils/elles	dorm**aient**	ils/elles	avaient	dormi	ils/elles	dorm**ent**
Futur simple		**Conditionnel présent**				
je	**dormirai**	je	**dormirais**			
tu	dormir**as**	tu	dormir**ais**			
il/elle/on	dormir**a**	il/elle/on	dormir**ait**			
nous	dormir**ons**	nous	dormir**ions**			
vous	dormir**ez**	vous	dormir**iez**			
ils/elles	dormir**ont**	ils/elles	dormir**aient**			

Ebenso: repartir (wieder verschwinden) TE IV 4B.

3aa **se sentir** (sich fühlen) TE III 3A

Präsens		
je	me	sen**s**
tu	te	sen**s**
il/elle/on	se	sen**t**
nous	nous	sent**ons**
vous	vous	sent**ez**
ils/elles	se	sent**ent**

Passé composé			
je	me	suis	senti(e)
tu	t'	es	senti(e)
il/elle/on	s'	est	senti(e)
nous	nous	sommes	senti(e)s
vous	vous	êtes	senti(e)s
ils/elles	se	sont	senti(e)s

Imperativ	
Sens	– toi.
Sentons	– nous.
Sentez	– vous.

Imparfait		
je	me	sent**ais**
tu	te	sent**ais**
il/elle/on	se	sent**ait**
nous	nous	sent**ions**
vous	vous	sent**iez**
ils/elles	se	sent**aient**

Plus-que-parfait			
je	m'	étais	senti(e)
tu	t'	étais	senti(e)
il/elle/on	s'	était	senti(e)
nous	nous	étions	senti(e)s
vous	vous	étiez	senti(e)s
ils/elles	s'	étaient	senti(e)s

Subjonctif présent		
je	me	sent**e**
tu	te	sent**es**
il/elle/on	se	sent**e**
nous	nous	sent**ions**
vous	vous	sent**iez**
ils/elles	se	sent**ent**

Futur simple		
je	me	**sentirai**
tu	te	sentir**as**
il/elle/on	se	sentir**a**
nous	nous	sentir**ons**
vous	vous	sentir**ez**
ils/elles	se	sentir**ont**

Conditionnel présent		
je	me	**sentirais**
tu	te	sentir**ais**
il/elle/on	se	sentir**ait**
nous	nous	sentir**ions**
vous	vous	sentir**iez**
ils/elles	se	sentir**aient**

Ebenso: se servir (sich bedienen) TE II 4B, G 20.

3b	(Gruppe *finir*) **finir** (beenden)					TE III 1A, G 3
Präsens		**Passé composé**			**Imperativ**	
je	fini**s**	j'	ai	fini		
tu	fini**s**	tu	as	fini	Finis.	
il/elle/on	fini**t**	il/elle/on	a	fini	Finissons.	
nous	fini**ssons**	nous	avons	fini	Finissez.	
vous	fini**ssez**	vous	avez	fini		
ils/elles	fini**ssent**	ils/elles	ont	fini		
Imparfait		**Plus-que-parfait**			**Subjonctif présent**	
je	finiss**ais**	j'	avais	fini	je	finiss**e**
tu	finiss**ais**	tu	avais	fini	tu	finiss**es**
il/elle/on	finiss**ait**	il/elle/on	avait	fini	il/elle/on	finiss**e**
nous	finiss**ions**	nous	avions	fini	nous	finiss**ions**
vous	finiss**iez**	vous	aviez	fini	vous	finiss**iez**
ils/elles	finiss**aient**	ils/elles	avaient	fini	ils/elles	finiss**ent**
Futur simple		**Conditionnel présent**				
je	**finirai**	je	**finirais**			
tu	finir**as**	tu	finir**ais**			
il/elle/on	finir**a**	il/elle/on	finir**ait**			
nous	finir**ons**	nous	finir**ions**			
vous	finir**ez**	vous	finir**iez**			
ils/elles	finir**ont**	ils/elles	finir**aient**			

Ebenso: choisir (wählen/aussuchen) TE III 1A, **applaudir** (applaudieren/(Beifall) klatschen) TE III 1A, **réfléchir** ((sich) überlegen/nachdenken) TE III 1A, **réagir** (reagieren) TE III 3B, **agir** (handeln) TE IV 2B, **unir** (vereinigen) TE IV 3B.

(ab) 4 Unregelmäßige Verben

4	**être** (sein)					TE I 2B, G 5
Präsens		**Passé composé (mit *avoir*)**			**Imperativ**	
je	**suis**	j'	ai	été		
tu	**es**	tu	as	été	**Sois.**	
il/elle/on	**est**	il/elle/on	a	été	**Soyons.**	
nous	**sommes**	nous	avons	été	**Soyez.**	
vous	**êtes**	vous	avez	été		
ils/elles	**sont**	ils/elles	ont	été		
Imparfait		**Plus-que-parfait**			**Subjonctif présent**	
j'	ét**ais**	j'	avais	été	je	sois
tu	ét**ais**	tu	avais	été	tu	sois
il/elle/on	ét**ait**	il/elle/on	avait	été	il/elle/on	soit
nous	ét**ions**	nous	avions	été	nous	so**y**ons
vous	ét**iez**	vous	aviez	été	vous	so**y**ez
ils/elles	ét**aient**	ils/elles	avaient	été	ils/elles	soient
Futur simple		**Conditionnel présent**				
je	**serai**	je	**serais**			
tu	ser**as**	tu	ser**ais**			
il/elle/on	ser**a**	il/elle/on	ser**ait**			
nous	ser**ons**	nous	ser**ions**			
vous	ser**ez**	vous	ser**iez**			
ils/elles	ser**ont**	ils/elles	ser**aient**			

5	**avoir** (haben)					TE I 4C, G 19
Präsens		**Passé composé**			**Imperativ**	
j'	**ai**	j'	ai	**eu**		
tu	**as**	tu	as	**eu**	**Aie…**	
il/elle/on	**a**	il/elle/on	a	**eu**	**Ayons…**	
nous	**avons**	nous	avons	**eu**	**Ayez…**	
vous	**avez**	vous	avez	**eu**		
ils/elles	**ont**	ils/elles	ont	**eu**		
Imparfait		**Plus-que-parfait**			**Subjonctif présent**	
j'	av**ais**	j'	avais	eu	j'	**aie**
tu	av**ais**	tu	avais	eu	tu	**aies**
il/elle/on	av**ait**	il/elle/on	avait	eu	il/elle/on	**ait**
nous	av**ions**	nous	avions	eu	nous	ayons
vous	av**iez**	vous	aviez	eu	vous	ayez
ils/elles	av**aient**	ils/elles	avaient	eu	ils/elles	**aient**
Futur simple		**Conditionnel présent**				
j'	**aurai**	j'	**aurais**			
tu	aur**as**	tu	aur**ais**			
il/elle/on	aur**a**	il/elle/on	aur**ait**			
nous	aur**ons**	nous	aur**ions**			
vous	aur**ez**	vous	aur**iez**			
ils/elles	aur**ont**	ils/elles	aur**aient**			

6 **faire** (machen) TE I 4A, G 17

Präsens		Passé composé			Imperativ	
je	fai**s**	j'	ai	fait		
tu	fai**s**	tu	as	fait	Fai**s**.	
il/elle/on	fai**t**	il/elle/on	a	fait	Fai**sons**.	
nous	fai**sons**	nous	avons	fait	Fai**tes**.	
vous	fai**tes**	vous	avez	fait		
ils/elles	**font**	ils/elles	ont	fait		
Imparfait		**Plus-que-parfait**			**Subjonctif présent**	
je	fais**ais**	j'	avais	fait	je	**fasse**
tu	fais**ais**	tu	avais	fait	tu	fasses
il/elle/on	fais**ait**	il/elle/on	avait	fait	il/elle/on	fasse
nous	fais**ions**	nous	avions	fait	nous	fassions
vous	fais**iez**	vous	aviez	fait	vous	fassiez
ils/elles	fais**aient**	ils/elles	avaient	fait	ils/elles	fassent
Futur simple		**Conditionnel présent**				
je	**ferai**	je	**ferais**			
tu	fer**as**	tu	fer**ais**			
il/elle/on	fer**a**	il/elle/on	fer**ait**			
nous	fer**ons**	nous	fer**ions**			
vous	fer**ez**	vous	fer**iez**			
ils/elles	fer**ont**	ils/elles	fer**aient**			

7	**aller** (gehen)					TE I 5A, G21
Präsens		**Passé composé**			**Imperativ**	
je	**vais**	je	suis	allé(e)		
tu	**vas**	tu	es	allé(e)	**Va**.	
il/elle/on	**va**	il/elle/on	est	allé(e)	Allons.	
nous	allons	nous	sommes	allé(e)s	Allez.	
vous	allez	vous	êtes	allé(e)s		
ils/elles	**vont**	ils/elles	sont	allé(e)s		
Imparfait		**Plus-que-parfait**			**Subjonctif présent**	
j'	**allais**	j'	étais	allé(e)	j'	**aille**
tu	all**ais**	tu	étais	allé(e)	tu	**ailles**
il/elle/on	all**ait**	il/elle/on	était	allé(e)	il/elle/on	**aille**
nous	all**ions**	nous	étions	allé(e)s	nous	allions
vous	all**iez**	vous	étiez	allé(e)s	vous	alliez
ils/elles	all**aient**	ils/elles	étaient	allé(e)s	ils/elles	**aillent**
Futur simple		**Conditionnel présent**				
j'	**irai**	j'	**irais**			
tu	ir**as**	tu	ir**ais**			
il/elle/on	ir**a**	il/elle/on	ir**ait**			
nous	ir**ons**	nous	ir**ions**			
vous	ir**ez**	vous	ir**iez**			
ils/elles	ir**ont**	ils/elles	ir**aient**			

8	**prendre** (nehmen)					TE I 6A, G 26
Präsens		**Passé composé**			**Imperativ**	
je	prend**s**	j'	ai	**pris**		
tu	prend**s**	tu	as	**pris**	Prend**s**.	
il/elle/on	pren**d**	il/elle/on	a	**pris**	Pre**nons**.	
nous	pre**nons**	nous	avons	**pris**	Pre**nez**.	
vous	pre**nez**	vous	avez	**pris**		
ils/elles	pre**nnent**	ils/elles	ont	**pris**		
Imparfait		**Plus-que-parfait**			**Subjonctif présent**	
je	pren**ais**	j'	avais	pris	je	**prenne**
tu	pren**ais**	tu	avais	pris	tu	**prennes**
il/elle/on	pren**ait**	il/elle/on	avait	pris	il/elle/on	**prenne**
nous	pren**ions**	nous	avions	pris	nous	prenions
vous	pren**iez**	vous	aviez	pris	vous	preniez
ils/elles	pren**aient**	ils/elles	avaient	pris	ils/elles	**prennent**
Futur simple		**Conditionnel présent**				
je	**prendrai**	je	**prendrais**			
tu	pren**dras**	tu	pren**drais**			
il/elle/on	pren**dra**	il/elle/on	pren**drait**			
nous	pren**drons**	nous	pren**drions**			
vous	pren**drez**	vous	pren**driez**			
ils/elles	pren**dront**	ils/elles	pren**draient**			

Ebenso: comprendre (verstehen) TE I 6C, **apprendre** (lernen) TE I 7C, **(se) prendre pour …** (sich)) für … halten) TE III 4A.

9 **mettre** (setzen, stellen, legen)

TE I 7B, G 31

Präsens		Passé composé			Imperativ	
je	me**ts**	j'	ai	**mis**		
tu	me**ts**	tu	as	**mis**	Me**ts**.	
il/elle/on	me**t**	il/elle/on	a	**mis**	Mettons.	
nous	me**ttons**	nous	avons	**mis**	Mettez.	
vous	me**ttez**	vous	avez	**mis**		
ils/elles	me**ttent**	ils/elles	ont	**mis**		
Imparfait		**Plus-que-parfait**			**Subjonctif présent**	
je	mett**ais**	j'	avais	mis	je	**mette**
tu	mett**ais**	tu	avais	mis	tu	mettes
il/elle/on	mett**ait**	il/elle/on	avait	mis	il/elle/on	mette
nous	mett**ions**	nous	avions	mis	nous	mettions
vous	mett**iez**	vous	aviez	mis	vous	mettiez
ils/elles	mett**aient**	ils/elles	avaient	mis	ils/elles	mettent
Futur simple		**Conditionnel présent**				
je	**mettrai**	je	**mettrais**			
tu	mettr**as**	tu	mettr**ais**			
il/elle/on	mettr**a**	il/elle/on	mettr**ait**			
nous	mettr**ons**	nous	mettr**ions**			
vous	mettr**ez**	vous	mettr**iez**			
ils/elles	mettr**ont**	ils/elles	mettr**aient**			

Ebenso: promettre (versprechen) TE II 3A, **permettre** (erlauben) TE IV 2B, **se mettre à faire qc** (beginnen etw. zu tun) TE IV 2C.

10 **vouloir** (wollen) TE I 9, G 38

Präsens		Passé composé			Imperativ
je	**veux**	j'	ai	**voulu**	
tu	**veux**	tu	as	**voulu**	**Veuille…**
il/elle/on	**veut**	il/elle/on	a	**voulu**	**Veuillons…**
nous	vou**lons**	nous	avons	**voulu**	**Veuillez,…**
vous	vou**lez**	vous	avez	**voulu**	
ils/elles	**veulent**	ils/elles	ont	**voulu**	

Imparfait		Plus-que-parfait			Subjonctif présent	
je	voul**ais**	j'	avais	voulu	je	**veuille**
tu	voul**ais**	tu	avais	voulu	tu	**veuilles**
il/elle/on	voul**ait**	il/elle/on	avait	voulu	il/elle/on	**veuille**
nous	voul**ions**	nous	avions	voulu	nous	voulions
vous	voul**iez**	vous	aviez	voulu	vous	vouliez
ils/elles	voul**aient**	ils/elles	avaient	voulu	ils/elles	**veuillent**

Futur simple		Conditionnel présent	
je	**voudrai**	je	**voudrais**
tu	vou**dras**	tu	vou**drais**
il/elle/on	vou**dra**	il/elle/on	vou**drait**
nous	vou**drons**	nous	vou**drions**
vous	vou**drez**	vous	vou**driez**
ils/elles	vou**dront**	ils/elles	vou**draient**

11 **pouvoir** (können) — TE I 9, G 38

Präsens	
je	**peux**
tu	**peux**
il/elle/on	**peut**
nous	pouv**ons**
vous	pouv**ez**
ils/elles	**peuvent**

Passé composé		
j'	ai	**pu**
tu	as	**pu**
il/elle/on	a	**pu**
nous	avons	**pu**
vous	avez	**pu**
ils/elles	ont	**pu**

Imperativ
–

Imparfait	
je	pouv**ais**
tu	pouv**ais**
il/elle/on	pouv**ait**
nous	pouv**ions**
vous	pouv**iez**
ils/elles	pouv**aient**

Plus-que-parfait		
j'	avais	pu
tu	avais	pu
il/elle/on	avait	pu
nous	avions	pu
vous	aviez	pu
ils/elles	avaient	pu

Subjonctif présent	
je	**puisse**
tu	puisses
il/elle/on	puisse
nous	puissions
vous	puissiez
ils/elles	puissent

Futur simple	
je	**pourrai**
tu	pourr**as**
il/elle/on	pourr**a**
nous	pourr**ons**
vous	pourr**ez**
ils/elles	pourr**ont**

Conditionnel présent	
je	**pourrais**
tu	pourr**ais**
il/elle/on	pourr**ait**
nous	pourr**ions**
vous	pourr**iez**
ils/elles	pourr**aient**

Neue unregelmäßige Verben Band 2:

12	**voir** (sehen)					TE II 3A, G 11
Präsens		**Passé composé**			**Imperativ**	
je	vo**is**	j’	ai	**vu**		
tu	vo**is**	tu	as	**vu**	Vo**is**.	
il/elle/on	voi**t**	il/elle/on	a	**vu**	Vo**yons**.	
nous	vo**yons**	nous	avons	**vu**	Vo**yez**.	
vous	vo**yez**	vous	avez	**vu**		
ils/elles	voi**ent**	ils/elles	ont	**vu**		
Imparfait		**Plus-que-parfait**			**Subjonctif présent**	
je	voy**ais**	j’	avais	vu	je	voie
tu	voy**ais**	tu	avais	vu	tu	voies
il/elle/on	voy**ait**	il/elle/on	avait	vu	il/elle/on	voie
nous	voy**ions**	nous	avions	vu	nous	vo**y**ions
vous	voy**iez**	vous	aviez	vu	vous	vo**y**iez
ils/elles	voy**aient**	ils/elles	avaient	vu	ils/elles	voient
Futur simple		**Conditionnel présent**				
je	**verrai**	je	**verrais**			
tu	verr**as**	tu	verr**ais**			
il/elle/on	verr**a**	il/elle/on	verr**ait**			
nous	verr**ons**	nous	verr**ions**			
vous	verr**ez**	vous	verr**iez**			
ils/elles	verr**ont**	ils/elles	verr**aient**			

Ebenso: revoir (durchsehen) TE IV 2C.

13	**plaire** (gefallen)					TE II 3A
Präsens		**Passé composé**			**Imperativ**	
je	plais	j’	ai	**plu**		
tu	plais	tu	as	**plu**	Plais.	
il/elle/on	**plaît**	il/elle/on	a	**plu**	Plaisons.	
nous	plaisons	nous	avons	**plu**	Plaisez.	
vous	plaisez	vous	avez	**plu**		
ils/elles	plaisent	ils/elles	ont	**plu**		
Imparfait		**Plus-que-parfait**			**Subjonctif présent**	
je	plais**ais**	j’	avais	plu	je	**plaise**
tu	plais**ais**	tu	avais	plu	tu	plaises
il/elle/on	plais**ait**	il/elle/on	avait	plu	il/elle/on	plaise
nous	plais**ions**	nous	avions	plu	nous	plaisions
vous	plais**iez**	vous	aviez	plu	vous	plaisiez
ils/elles	plais**aient**	ils/elles	avaient	plu	ils/elles	plaisent
Futur simple		**Conditionnel présent**				
je	**plairai**	je	**plairais**			
tu	plair**as**	tu	plair**ais**			
il/elle/on	plair**a**	il/elle/on	plair**ait**			
nous	plair**ons**	nous	plair**ions**			
vous	plair**ez**	vous	plair**iez**			
ils/elles	plair**ont**	ils/elles	plair**aient**			

Beachte: Du kennst schon aus Band 1 lexikalisch die Wendungen **s’il te plaît/s’il vous plaît**, wörtlich: „wenn es dir/Ihnen gefällt“, TE I 5B.

14	**devoir** (müssen)					TE II 4A, G 19
Präsens		**Passé composé**			**Imperativ**	
je	**dois**	j'	ai	**dû**		
tu	**dois**	tu	as	**dû**		
il/elle/on	**doit**	il/elle/on	a	**dû**	–	
nous	dev**ons**	nous	avons	**dû**		
vous	dev**ez**	vous	avez	**dû**		
ils/elles	**doivent**	ils/elles	ont	**dû**		
Imparfait		**Plus-que-parfait**			**Subjonctif présent**	
je	dev**ais**	j'	avais	dû	je	**doive**
tu	dev**ais**	tu	avais	dû	tu	**doives**
il/elle/on	dev**ait**	il/elle/on	avait	dû	il/elle/on	**doive**
nous	dev**ions**	nous	avions	dû	nous	devions
vous	dev**iez**	vous	aviez	dû	vous	deviez
ils/elles	dev**aient**	ils/elles	avaient	dû	ils/elles	**doivent**
Futur simple		**Conditionnel présent**				
je	**devrai**	je	**devrais**			
tu	devr**as**	tu	devr**ais**			
il/elle/on	devr**a**	il/elle/on	devr**ait**			
nous	devr**ons**	nous	devr**ions**			
vous	devr**ez**	vous	devr**iez**			
ils/elles	devr**ont**	ils/elles	devr**aient**			

15 **<falloir>** (brauchen, müssen)		TE II 4B, G21
Präsens	**Passé composé**	**Imperativ**
il **faut**	il a **fallu**	–
Imparfait	**Plus-que-parfait**	**[Subjonctif présent]**
il fall**ait**	il avait **fallu**	il **faille**
Futur simple	**Conditionnel présent**	
il **faudra**	il **faudrait**	

16	venir (kommen)					TE II 5B, G 24
Präsens		**Passé composé**			**Imperativ**	
je	**viens**	je	**suis**	venu(**e**)		
tu	**viens**	tu	**es**	venu(**e**)	**Viens**.	
il/elle/on	**vient**	il/elle/on	**est**	venu/venu**e**/venu(**e**)	Venons.	
nous	ven**ons**	nous	**sommes**	venu(**e**)**s**	Venez.	
vous	ven**ez**	vous	**êtes**	venu(**e**)**s**		
ils/elles	**viennent**	ils/elles	**sont**	venu**s**/venu**es**		
Imparfait		**Plus-que-parfait**			**Subjonctif présent**	
je	ven**ais**	j'	étais	venu(**e**)	je	**vienne**
tu	ven**ais**	tu	étais	venu(**e**)	tu	**viennes**
il/elle/on	ven**ait**	il/elle/on	était	venu(**e**)	il/elle/on	**vienne**
nous	ven**ions**	nous	étions	venu(**e**)**s**	nous	venions
vous	ven**iez**	vous	étiez	venu(**e**)**s**	vous	veniez
ils/elles	ven**aient**	ils/elles	étaient	venu(**e**)**s**	ils/elles	**viennent**
Futur simple		**Conditionnel présent**				
je	**viendrai**	je	**viendrais**			
tu	viendr**as**	tu	viendr**ais**			
il/elle/on	viendr**a**	il/elle/on	viendr**ait**			
nous	viendr**ons**	nous	viendr**ions**			
vous	viendr**ez**	vous	viendr**iez**			
ils/elles	viendr**ont**	ils/elles	viendr**aient**			

Ebenso: revenir (zurückkommen/zurückkehren) TE III 3E, **devenir** (werden) TE III 3E, **se souvenir** (sich erinnern) TE IV 1A.
Diese Verben bilden wie **venir** das *Passé composé* mit **être**.
Beachte: tenir (halten) TE IV 3A, **obtenir** (erhalten) TE IV 2B werden konjugiert wie **venir**, bilden aber das *Passé composé* mit **avoir**.

17	**connaître** (kennen)					TE II 6A, G 29
Präsens		**Passé composé**			**Imperativ**	
je	conna**is**	j'	ai	**connu**		
tu	conna**is**	tu	as	**connu**	Conna**is**.	
il/elle/on	conna**ît**	il/elle/on	a	**connu**	Connai**ssons**.	
nous	connai**ssons**	nous	avons	**connu**	Connai**ssez**.	
vous	connai**ssez**	vous	avez	**connu**		
ils/elles	connai**ssent**	ils/elles	ont	**connu**		
Imparfait		**Plus-que-parfait**			**Subjonctif présent**	
je	connaiss**ais**	j'	avais	**connu**	je	**connaisse**
tu	connaiss**ais**	tu	avais	**connu**	tu	connaisses
il/elle/on	connaiss**ait**	il/elle/on	avait	**connu**	il/elle/on	connaisse
nous	connaiss**ions**	nous	avions	**connu**	nous	connaissions
vous	connaiss**iez**	vous	aviez	**connu**	vous	connaissiez
ils/elles	connaiss**aient**	ils/elles	avaient	**connu**	ils/elles	connaissent
Futur simple		**Conditionnel présent**				
je	**connaîtrai**	je	**connaîtrais**			
tu	connaît**ras**	tu	connaîtr**ais**			
il/elle/on	connaît**ra**	il/elle/on	connaîtr**ait**			
nous	connaît**rons**	nous	connaîtr**ions**			
vous	connaît**rez**	vous	connaîtr**iez**			
ils/elles	connaît**ront**	ils/elles	connaîtr**aient**			

Ebenso: reconnaître (wiedererkennen) TE III 3C und **disparaître** (verschwinden) TE III 6B.

18	**écrire** (schreiben)						TE II 6B, G 30
Präsens		**Passé composé**			**Imperativ**		
j'	écri**s**	j'	ai	écrit			
tu	écri**s**	tu	as	écrit	Ecri**s**.		
il/elle/on	écri**t**	il/elle/on	a	écrit	Ecri**vons**.		
nous	écri**vons**	nous	avons	écrit	Ecri**vez**.		
vous	écri**vez**	vous	avez	écrit			
ils/elles	écri**vent**	ils/elles	ont	écrit			
Imparfait		**Plus-que-parfait**			**Subjonctif présent**		
j'	écriv**ais**	j'	avais	écrit	j'	**écrive**	
tu	écriv**ais**	tu	avais	écrit	tu	écrives	
il/elle/on	écriv**ait**	il/elle/on	avait	écrit	il/elle/on	écrive	
nous	écriv**ions**	nous	avions	écrit	nous	écrivions	
vous	écriv**iez**	vous	aviez	écrit	vous	écriviez	
ils/elles	écriv**aient**	ils/elles	avaient	écrit	ils/elles	écrivent	
Futur simple		**Conditionnel présent**					
j'	**écrirai**	j'	**écrirais**				
tu	écrir**as**	tu	écrir**ais**				
il/elle/on	écrir**a**	il/elle/on	écrir**ait**				
nous	écrir**ons**	nous	écrir**ions**				
vous	écrir**ez**	vous	écrir**iez**				
ils/elles	écrir**ont**	ils/elles	écrir**aient**				

Ebenso: décrire (beschreiben) TE II 6B, G 30.

19	**dire** (sagen)					TE II 6B, G 30	
Präsens		**Passé composé**				**Imperativ**	
je	dis	j'	ai	dit			
tu	dis	tu	as	dit		Dis.	
il/elle/on	dit	il/elle/on	a	dit		Disons.	
nous	di**sons**	nous	avons	dit		**Dites**.	
vous	**dites**	vous	avez	dit			
ils/elles	di**sent**	ils/elles	ont	dit			
Imparfait		**Plus-que-parfait**				**Subjonctif présent**	
je	dis**ais**	j'	avais	dit		je	**dise**
tu	dis**ais**	tu	avais	dit		tu	dises
il/elle/on	dis**ait**	il/elle/on	avait	dit		il/elle/on	dise
nous	dis**ions**	nous	avions	dit		nous	disions
vous	dis**iez**	vous	aviez	dit		vous	disiez
ils/elles	dis**aient**	ils/elles	avaient	dit		ils/elles	disent
Futur simple		**Conditionnel présent**					
je	**dirai**	je	**dirais**				
tu	dir**as**	tu	dir**ais**				
il/elle/on	dir**a**	il/elle/on	dir**ait**				
nous	dir**ons**	nous	dir**ions**				
vous	dir**ez**	vous	dir**iez**				
ils/elles	dir**ont**	ils/elles	dir**aient**				

Ebenso: se dire (sich sagen) TE IV 2A, wobei das reflexive Verb das *Passé composé* und das *Plus-que-parfait* mit **être** bildet.

20 lire (lesen)						TE II 6B, G 30
Präsens		**Passé composé**			**Imperativ**	
je	li**s**	j'	ai	**lu**		
tu	li**s**	tu	as	**lu**	Li**s**.	
il/elle/on	li**t**	il/elle/on	a	**lu**	Li**sons**.	
nous	li**sons**	nous	avons	**lu**	Li**sez**.	
vous	li**sez**	vous	avez	**lu**		
ils/elles	li**sent**	ils/elles	ont	**lu**		
Imparfait		**Plus-que-parfait**			**Subjonctif présent**	
je	lis**ais**	j'	avais	lu	je	**lise**
tu	lis**ais**	tu	avais	lu	tu	lises
il/elle/on	lis**ait**	il/elle/on	avait	lu	il/elle/on	lise
nous	lis**ions**	nous	avions	lu	nous	lisions
vous	lis**iez**	vous	aviez	lu	vous	lisiez
ils/elles	lis**aient**	ils/elles	avaient	lu	ils/elles	lisent
Futur simple		**Conditionnel présent**				
je	**lirai**	je	**lirais**			
tu	lir**as**	tu	lir**ais**			
il/elle/on	lir**a**	il/elle/on	lir**ait**			
nous	lir**ons**	nous	lir**ions**			
vous	lir**ez**	vous	lir**iez**			
ils/elles	lir**ont**	ils/elles	lir**aient**			

Beachte: Du kennst schon die Form **Relisez.** (Lest noch einmal.) aus TE I 9,1 Übungsanweisung.

21	**offrir** (anbieten)					TE II 7, G 35
Präsens		**Passé composé**			**Imperativ**	
j'	offr**e**	j'	ai	off**ert**		
tu	offr**es**	tu	as	off**ert**	Offr**e**.	
il/elle/on	offr**e**	il/elle/on	a	off**ert**	Offr**ons**.	
nous	offr**ons**	nous	avons	off**ert**	Offr**ez**.	
vous	offr**ez**	vous	avez	off**ert**		
ils/elles	offr**ent**	ils/elles	ont	off**ert**		
Imparfait		**Plus-que-parfait**			**Subjonctif présent**	
j'	offr**ais**	j'	avais	off**ert**	j'	**offre**
tu	offr**ais**	tu	avais	off**ert**	tu	offres
il/elle/on	offr**ait**	il/elle/on	avait	off**ert**	il/elle/on	offre
nous	offr**ions**	nous	avions	off**ert**	nous	offrions
vous	offr**iez**	vous	aviez	off**ert**	vous	offriez
ils/elles	offr**aient**	ils/elles	avaient	off**ert**	ils/elles	offrent
Futur simple		**Conditionnel présent**				
j'	**offrirai**	j'	**offrirais**			
tu	offrir**as**	tu	offrir**ais**			
il/elle/on	offrir**a**	il/elle/on	offrir**ait**			
nous	offrir**ons**	nous	offrir**ions**			
vous	offrir**ez**	vous	offrir**iez**			
ils/elles	offrir**ont**	ils/elles	offrir**aient**			

Ebenso: ouvrir (öffnen) TE II 7, G 35 und **découvrir** (entdecken) TE III 3A.

Neue unregelmäßige Verben Band 3:

22	**croire** (glauben)						TE III 1B
Präsens		**Passé composé**				**Imperativ**	
je	cro**is**	j'	ai	**cru**			
tu	cro**is**	tu	as	**cru**		Cro**is**.	
il/elle/on	cro**it**	il/elle/on	a	**cru**		Croy**ons**.	
nous	cro**yons**	nous	avons	**cru**		Croy**ez**.	
vous	cro**yez**	vous	avez	**cru**			
ils/elles	cro**ient**	ils/elles	ont	**cru**			
Imparfait		**Plus-que-parfait**				**Subjonctif présent**	
je	croy**ais**	j'	avais	cru		je	croie
tu	croy**ais**	tu	avais	cru		tu	croies
il/elle/on	croy**ait**	il/elle/on	avait	cru		il/elle/on	croie
nous	cro**yions**	nous	avions	cru		nous	cro**y**ions
vous	cro**yiez**	vous	aviez	cru		vous	cro**y**iez
ils/elles	croy**aient**	ils/elles	avaient	cru		ils/elles	croient
Futur simple		**Conditionnel présent**					
je	**croirai**	je	**croirais**				
tu	croir**as**	tu	croir**ais**				
il/elle/on	croir**a**	il/elle/on	croir**ait**				
nous	croir**ons**	nous	croir**ions**				
vous	croir**ez**	vous	croir**iez**				
ils/elles	croir**ont**	ils/elles	croir**aient**				

23	**boire** (trinken)					TE III 2A, G 6
Präsens		**Passé composé**			**Imperativ**	
je	bo**is**	j’	ai	**bu**		
tu	bo**is**	tu	as	**bu**	Bo**is**.	
il/elle/on	bo**it**	il/elle/on	a	**bu**	B**uvons**.	
nous	b**uvons**	nous	avons	**bu**	B**uvez**.	
vous	b**uvez**	vous	avez	**bu**		
ils/elles	bo**ivent**	ils/elles	ont	**bu**		
Imparfait		**Plus-que-parfait**			**Subjonctif présent**	
je	buv**ais**	j’	avais	bu	je	**boive**
tu	buv**ais**	tu	avais	bu	tu	**boives**
il/elle/on	buv**ait**	il/elle/on	avait	bu	il/elle/on	**boive**
nous	buv**ions**	nous	avions	bu	nous	buvions
vous	buv**iez**	vous	aviez	bu	vous	buviez
ils/elles	buv**aient**	ils/elles	avaient	bu	ils/elles	**boivent**
Futur simple		**Conditionnel présent**				
je	**boirai**	je	**boirais**			
tu	boir**as**	tu	boir**ais**			
il/elle/on	boir**a**	il/elle/on	boir**ait**			
nous	boir**ons**	nous	boir**ions**			
vous	boir**ez**	vous	boir**iez**			
ils/elles	boir**ont**	ils/elles	boir**aient**			

24 **se battre** (sich schlagen) (reflexive Verben) TE III 4C

Präsens		
je	me	bat**s**
tu	te	bat**s**
il/elle/on	se	bat
nous	nous	batt**ons**
vous	vous	batt**ez**
ils/elles	se	batt**ent**

Passé composé			
je	**me**	**suis**	**battu(e)**
tu	**t'**	**es**	battu(e)
il/elle/on	**s'**	**est**	battu(e)
nous	**nous**	**sommes**	battu(e)s
vous	**vous**	**êtes**	battu(e)s
ils/elles	**se**	**sont**	battu(e)s

Imperativ
Bat**s**.
Ba**tt**ons**.
Ba**tt**ez**.

Imparfait		
je	me	batt**ais**
tu	te	batt**ais**
il/elle/on	se	batt**ait**
nous	nous	batt**ions**
vous	vous	batt**iez**
ils/elles	se	batt**aient**

Plus-que-parfait			
je	m'	étais	battu(e)
tu	t'	étais	battu(e)
il/elle/on	s'	était	battu(e)
nous	nous	étions	battu(e)s
vous	vous	étiez	battu(e)s
ils/elles	s'	étaient	battu(e)s

Subjonctif présent		
je	me	**batte**
tu	te	battes
il/elle/on	se	batte
nous	nous	battions
vous	vous	battiez
ils/elles	se	battent

Futur simple		
je	me	**battrai**
tu	te	battr**as**
il/elle/on	se	battr**a**
nous	nous	battr**ons**
vous	vous	battr**ez**
ils/elles	se	battr**ont**

Conditionnel présent		
je	me	**battrais**
tu	te	battr**ais**
il/elle/on	se	battr**ait**
nous	nous	battr**ions**
vous	vous	battr**iez**
ils/elles	se	battr**aient**

25	**savoir** (wissen/können)				TE III 5B, G 18	
Präsens		**Passé composé**			**Imperativ**	
je	**sais**	j’	ai	**su**		
tu	**sais**	tu	as	**su**	**Sache.**	
il/elle/on	**sait**	il/elle/on	a	**su**	**Sachons.**	
nous	sa**vons**	nous	avons	**su**	**Sachez.**	
vous	sa**vez**	vous	avez	**su**		
ils/elles	sa**vent**	ils/elles	ont	**su**		
Imparfait		**Plus-que-parfait**			**Subjonctif présent**	
je	sav**ais**	j’	avais	su	je	**sache**
tu	sav**ais**	tu	avais	su	tu	saches
il/elle/on	sav**ait**	il/elle/on	avait	su	il/elle/on	sache
nous	sav**ions**	nous	avions	su	nous	sachions
vous	sav**iez**	vous	aviez	su	vous	sachiez
ils/elles	sav**aient**	ils/elles	avaient	su	ils/elles	sachent
Futur simple		**Conditionnel présent**				
je	**saurai**	je	**saurais**			
tu	**sauras**	tu	**saurais**			
il/elle/on	**saura**	il/elle/on	**saurait**			
nous	**saurons**	nous	**saurions**			
vous	**saurez**	vous	**sauriez**			
ils/elles	**sauront**	ils/elles	**sauraient**			

Neue unregelmäßige Verben Band 4:

26	**conduire** (fahren)					TE III 6A, G 23
Präsens		**Passé composé**			**Imperativ**	
je	condui**s**	j'	ai	condui**t**		
tu	condui**s**	tu	as	condui**t**	Condui**s**.	
il/elle/on	condui**t**	il/elle/on	a	condui**t**	Condui**sons**.	
nous	condui**sons**	nous	avons	condui**t**	Condui**sez**.	
vous	condui**sez**	vous	avez	condui**t**		
ils/elles	condui**sent**	ils/elles	ont	condui**t**		
Imparfait		**Plus-que-parfait**			**Subjonctif présent**	
je	condui**sais**	j'	avais	condui**t**	je	**conduise**
tu	condui**sais**	tu	avais	condui**t**	tu	conduises
il/elle/on	condui**sait**	il/elle/on	avait	condui**t**	il/elle/on	conduise
nous	condui**sions**	nous	avions	condui**t**	nous	conduisions
vous	condui**siez**	vous	aviez	condui**t**	vous	conduisiez
ils/elles	condui**saient**	ils/elles	avaient	condui**t**	ils/elles	conduisent
Futur simple		**Conditionnel présent**				
je	**conduirai**	je	**conduirais**			
tu	condui**ras**	tu	condui**rais**			
il/elle/on	condui**ra**	il/elle/on	condui**rait**			
nous	condui**rons**	nous	condui**rions**			
vous	condui**rez**	vous	condui**riez**			
ils/elles	condui**ront**	ils/elles	condui**raient**			

Ebenso: introduire (einführen) TE IV 3B und **construire** (bauen) TE IV 4C.

27	**recevoir** (erhalten)					TE IV 1A, G5
Präsens		**Passé composé**			**Imperativ**	
je	**reçois**	j’	ai	**reçu**		
tu	**reçois**	tu	as	**reçu**	**Reçois.**	
il/elle/on	**reçoit**	il/elle/on	a	**reçu**	**Recevons.**	
nous	**recevons**	nous	avons	**reçu**	**Recevez.**	
vous	**recevez**	vous	avez	**reçu**		
ils/elles	**reçoivent**	ils/elles	ont	**reçu**		
Imparfait		**Plus-que-parfait**			**Subjonctif présent**	
je	recev**ais**	j’	avais	reçu	je	**reçoive**
tu	recev**ais**	tu	avais	reçu	tu	**reçoives**
il/elle/on	recev**ait**	il/elle/on	avait	reçu	il/elle/on	**reçoive**
nous	recev**ions**	nous	avions	reçu	nous	recevions
vous	recev**iez**	vous	aviez	reçu	vous	receviez
ils/elles	recev**aient**	ils/elles	avaient	reçu	ils/elles	**reçoivent**
Futur simple		**Conditionnel présent**				
je	**recevrai**	je	**recevrais**			
tu	recevr**as**	tu	recevr**ais**			
il/elle/on	recevr**a**	il/elle/on	recevr**ait**			
nous	recevr**ons**	nous	recevr**ions**			
vous	recevr**ez**	vous	recevr**iez**			
ils/elles	recevr**ont**	ils/elles	recevr**aient**			

28 **rire** (lachen) TE IV 1A

Präsens		Passé composé			Imperativ	
je	**ris**	j'	ai	**ri**		
tu	**ris**	tu	as	**ri**	**Ris.**	
il/elle/on	**rit**	il/elle/on	a	**ri**	**Rions.**	
nous	ri**ons**	nous	avons	**ri**	**Riez.**	
vous	ri**ez**	vous	avez	**ri**		
ils/elles	ri**ent**	ils/elles	ont	**ri**		
Imparfait		**Plus-que-parfait**			**Subjonctif présent**	
je	ri**ais**	j'	avais	ri	je	rie
tu	ri**ais**	tu	avais	ri	tu	ries
il/elle/on	ri**ait**	il/elle/on	avait	ri	il/elle/on	rie
nous	ri**ions**	nous	avions	ri	nous	r**ii**ons
vous	ri**iez**	vous	aviez	ri	vous	r**ii**ez
ils/elles	ri**aient**	ils/elles	avaient	ri	ils/elles	rient
Futur simple		**Conditionnel présent**				
je	**rirai**	je	**rirais**			
tu	rir**as**	tu	rir**ais**			
il/elle/on	rir**a**	il/elle/on	rir**ait**			
nous	rir**ons**	nous	rir**ions**			
vous	rir**ez**	vous	rir**iez**			
ils/elles	rir**ont**	ils/elles	rir**aient**			

29	**vivre** (leben)					TE IV 2A, G 12
Präsens		**Passé composé**			**Imperativ**	
je	**vis**	j'	ai	**vécu**		
tu	**vis**	tu	as	**vécu**	**Vis.**	
il/elle/on	**vit**	il/elle/on	a	**vécu**	**Vivons.**	
nous	viv**ons**	nous	avons	**vécu**	**Vivez.**	
vous	viv**ez**	vous	avez	**vécu**		
ils/elles	viv**ent**	ils/elles	ont	**vécu**		
Imparfait		**Plus-que-parfait**			**Subjonctif présent**	
je	viv**ais**	j'	avais	vécu	je	**vive**
tu	viv**ais**	tu	avais	vécu	tu	vives
il/elle/on	viv**ait**	il/elle/on	avait	vécu	il/elle/on	vive
nous	viv**ions**	nous	avions	vécu	nous	vivions
vous	viv**iez**	vous	aviez	vécu	vous	viviez
ils/elles	viv**aient**	ils/elles	avaient	vécu	ils/elles	vivent
Futur simple		**Conditionnel présent**				
je	**vivrai**	je	**vivrais**			
tu	vivr**as**	tu	vivr**ais**			
il/elle/on	vivr**a**	il/elle/on	vivr**ait**			
nous	vivr**ons**	nous	vivr**ions**			
vous	vivr**ez**	vous	vivr**iez**			
ils/elles	vivr**ont**	ils/elles	vivr**aient**			

30	**courir** (laufen)					TE IV 2B
Präsens		**Passé composé**			**Imperativ**	
je	**cours**	j'	ai	**couru**		
tu	**cours**	tu	as	**couru**	**Cours.**	
il/elle/on	**court**	il/elle/on	a	**couru**	**Courons.**	
nous	cour**ons**	nous	avons	**couru**	**Courez.**	
vous	cour**ez**	vous	avez	**couru**		
ils/elles	cour**ent**	ils/elles	ont	**couru**		
Imparfait		**Plus-que-parfait**			**Subjonctif présent**	
je	cour**ais**	j'	avais	couru	je	**coure**
tu	cour**ais**	tu	avais	couru	tu	coures
il/elle/on	cour**ait**	il/elle/on	avait	couru	il/elle/on	coure
nous	cour**ions**	nous	avions	couru	nous	courions
vous	cour**iez**	vous	aviez	couru	vous	couriez
ils/elles	cour**aient**	ils/elles	avaient	couru	ils/elles	courent
Futur simple		**Conditionnel présent**				
je	**courrai**	je	**courrais**			
tu	**courras**	tu	**courrais**			
il/elle/on	**courra**	il/elle/on	**courrait**			
nous	**courrons**	nous	**courrions**			
vous	**courrez**	vous	**courriez**			
ils/elles	**courront**	ils/elles	**courraient**			

31	**envoyer** (schicken)					TE IV 4B
Präsens		**Passé composé**			**Imperativ**	
j'	**envoie**	j'	ai	**envoyé**		
tu	**envoies**	tu	as	**envoyé**	**Envoie.**	
il/elle/on	**envoie**	il/elle/on	a	**envoyé**	**Envoyons.**	
nous	**envoyons**	nous	avons	**envoyé**	**Envoyez.**	
vous	**envoyez**	vous	avez	**envoyé**		
ils/elles	**envoient**	ils/elles	ont	**envoyé**		
Imparfait		**Plus-que-parfait**			**Subjonctif présent**	
j'	envoy**ais**	j'	avais	envoyé	j'	**envoie**
tu	envoy**ais**	tu	avais	envoyé	tu	envoies
il/elle/on	envoy**ait**	il/elle/on	avait	envoyé	il/elle/on	envoie
nous	envoy**ions**	nous	avions	envoyé	nous	envoy**i**ons
vous	envoy**iez**	vous	aviez	envoyé	vous	envoy**i**ez
ils/elles	envoy**aient**	ils/elles	avaient	envoyé	ils/elles	envoient
Futur simple		**Conditionnel présent**				
j'	**enverrai**	j'	**enverrais**			
tu	**enverras**	tu	**enverrais**			
il/elle/on	**enverra**	il/elle/on	**enverrait**			
nous	**enverrons**	nous	**enverrions**			
vous	**enverrez**	vous	**enverriez**			
ils/elles	**enverront**	ils/elles	**enverraient**			

32 suivre (folgen)					TE IV 5B, G 29	
Präsens		**Passé composé**			**Imperativ**	
je	**suis**	j'	ai	**suivi**		
tu	**suis**	tu	as	**suivi**	**Suis.**	
il/elle/on	**suit**	il/elle/on	a	**suivi**	**Suivons.**	
nous	suiv**ons**	nous	avons	**suivi**	**Suivez.**	
vous	suiv**ez**	vous	avez	**suivi**		
ils/elles	suiv**ent**	ils/elles	ont	**suivi**		
Imparfait		**Plus-que-parfait**			**Subjonctif présent**	
je	suiv**ais**	j'	avais	suivi	je	**suive**
tu	suiv**ais**	tu	avais	suivi	tu	suives
il/elle/on	suiv**ait**	il/elle/on	avait	suivi	il/elle/on	suive
nous	suiv**ions**	nous	avions	suivi	nous	suivions
vous	suiv**iez**	vous	aviez	suivi	vous	suiviez
ils/elles	suiv**aient**	ils/elles	avaient	suivi	ils/elles	suivent
Futur simple		**Conditionnel présent**				
je	**suivrai**	je	**suivrais**			
tu	suivr**as**	tu	suivr**ais**			
il/elle/on	suivr**a**	il/elle/on	suivr**ait**			
nous	suivr**ons**	nous	suivr**ions**			
vous	suivr**ez**	vous	suivr**iez**			
ils/elles	suivr**ont**	ils/elles	suivr**aient**			

Verbenliste

A

accuser qn	jdn. beschuldigen/ anklagen	2 2 C	**1a**
acheter qc	etw. kaufen/einkaufen	1 7 A	**1c**
s'acheter qc	sich etw. kaufen	3 3 A	**1cc**
adorer qn/qc	jdn./etw. (sehr) lieben/ am liebsten haben/ mögen	1 4 B	**1a**
agir	handeln	4 2 B	**3b**
aider qn	jdm. helfen	2 4 C	**1a**
Aidez-moi!	Helft mir!	[2 M1]	**1a**
aimer qn/qc	jdn./etw. gern mögen/ lieben	1 3 E	**1a**
aimer faire qc	etw. gern tun	1 4 C	**1a**
ajouter qc	etw. hinzufügen	2 4 A	**1a**
aller	gehen/fahren	1 5 E	**7**
Ça va?	Wie geht's?	1 1	**7**
Ça va.	Es geht (mir) gut.	1 1	**7**
Tu vas où?	Wohin gehst du?	1 5 A, 2	**7**
aller aux toilettes	auf die Toilette gehen	1 5 E	**7**
aller faire qc	etw. tun werden	1 8 E	**7**
Je vais t'expliquer!	Ich kann's dir erklären!	2 3 C	**7**
aller chercher qc	etw. holen (gehen)/ suchen	2 1	**7**
je suis allé	ich bin gegangen	2 2 B	**7**
aller à qn	jdm. passen/stehen	2 3 A	**7**
Elles te vont super bien. *(fam.)*	Sie passen/stehen dir supergut. *(ugs.)*	2 3 A	**7**
Je vais t'expliquer!	Ich kann's dir erklären!	2 3 C	**7**
aller voir qn	zu jdm. gehen/jdn. besuchen	2 6 A	**7**
Ça ne va pas, non? *(fam.)*	Aber sonst geht's danke!/ Du spinnst wohl! *(ugs.)*	[2 M5], 3 1 A	**7**
Va voir ailleurs. *(fam.)*	Hau ab. *(ugs.)*	3 4 C, 4	**7**
Où vas-tu?	Wohin gehst du?	3 6 C	**7**
On y va!	Auf geht's!/Los!	4 4 A	**7**

améliorer qc	etw. verbessern	4 3 B, 3	**1a**
s'amuser	Spaß haben/ sich amüsieren	[1 M2], 3 2 B	**1aa**
appeler qn	jdn. anrufen	3 1 B	**1b**
appeler qn	*hier:* jdn. aufrufen	3 3 A	**1b**
s'appeler ...	heißen	3 3 C	**1bb**
je m'appelle ...	ich heiße ...	1	**1ba**
tu t'appelles ...	du heißt ...	1 1	**1ba**
il s'appelle ...	er heißt ...	1 4 B	**1ba**
Comment tu t'appelles?	Wie heißt du?	1 1	**1ba**
applaudir qn	jdm. applaudieren/ (Beifall) klatschen	3 1 A	**3b**
apporter qc	etw. bringen/mitbringen	1 7 C	**1a**
apprendre qc	etw. lernen, etw. erfahren	1 7 C, 4 2 B	**8**
apprendre qc à qn	jdm. etw. beibringen.	4 3 E	**8**
s'approcher de qn	sich jdm. nähern	3 6 A	**1aa**
arrêter	aufhören	1 6 C	**1a**
Arrête.	Hör auf.	1 6 C	**1a**
arrêter la musique	die Musik ausmachen	1 7 C	**1a**
arrêter qn	*hier:* jdn. festnehmen	2 2 B	**1a**
s'arrêter	anhalten	3 6 A	**1aa**
arriver	(an)kommen	1 5 A	**1a**
attendre qn	auf jdn. warten	[1 M1]	**2**
attendre qn/qc	auf jdn./etw. warten	2 5 C	**2**
augmenter qc	etw. erhöhen.	4 3 C	**1a**
avoir	haben	1 4 C	**5**
Elles ont quel âge?	Wie alt sind sie?	1 4 C, 2	**5**
avoir allemand	Deutsch/Deutsch- unterricht haben	1 4 C	**5**
avoir rendez-vous avec qn	eine Verabredung mit jdm. haben/sich mit jdm. treffen	1 4 C	**5**
avoir mal à la tête	Kopfschmerzen haben	1 5 B	**5**
avoir mal aux fesses	Schmerzen am Po/ Hintern haben	[1 M3]	**5**

J'ai mal!	Das tut mir weh!	2 2 A	**5**
avoir envie *(f.)*	Lust haben	1 6 A	**5**
avoir faim *(f.)*	Hunger haben	1 6 B	**5**
avoir de la chance	Glück haben	1 7 C	**5**
avoir soif *(f.)*	Durst haben	1 8 B	**5**
avoir envie de faire qc	Lust haben, etw. zu tun	[1 M3]	**5**
avoir la chance de faire qc	das Glück haben, etw. zu tun	4 2 B	**5**
avoir peur de qn/qc	Angst vor jdm./etw. haben	2 2 C	**5**
avoir peur pour qn/qc	Angst um jdn./etw. haben	4 5 E	**5**
avoir raison	Recht haben	2 3 B	**5**
avoir zéro	Null Punkte haben	3 2 B	**5**
avoir le cafard *(fam.)*	schlecht drauf sein/Trübsal blasen *(ugs.)*	3 3 A	**5**
avoir l'air *(m.)*	aussehen/scheinen	3 3 B	**5**
avoir la pêche *(fam.)*	sehr gut drauf sein *(ugs.)*	3 3 C, 3	**5**
J'en ai ras le bol! *(fam.)*	Ich habe die Nase voll. *(ugs.)*	3 4 C, 4	**5**
avoir tort	Unrecht haben	3 1 B, 6	**5**
avoir envie de faire qc	Lust haben etw. zu tun	3 5 A	**5**
avoir confiance en qn	Vertrauen in jdn. haben	4 1 B	**5**
avoir lieu	stattfinden	4 2 E	**5**
avoir le courage de faire qc	den Mut haben, etw. zu tun	4 3 E	**5**
avoir l'habitude de faire qc	die Gewohnheit haben, etw. zu tun	4 5 A	**5**

B

barrer qc	etw. (durch)streichen	2 4 A	**1a**
se battre	kämpfen	3 4 C	**24**
se blesser	sich verletzen	3 2 C	**1aa**

boire qc	etw. trinken	3 2 A	**23**
bouger	sich bewegen; *hier:* schaukeln	1 9	**1d**
brûler (qc)	brennen/etw. verbrennen	4 4 A	**1a**

C

se cacher	sich verstecken	4 4 B	**1aa**
se calmer	sich beruhigen	[2 M2	**1aa**
On se calme!	Beruhigt euch!/Ruhe!	[2 M2]	**1aa**
se calmer	sich beruhigen	3 2 C	**1aa**
Tu me casses les pieds. *(fam.)*	Du gehst mir (echt) auf die Nerven. *(ugs.)*	3 4 C, 4	**1a**
changer qc	etw. ändern/verändern	2 6 C	**1d**
changer (de train)	umsteigen	2 5 A	**1d**
se changer les idées	auf andere Gedanken kommen	3 3 A	**1dd**
chanter	singen	1 3 A	**1a**
chercher qc	etw. suchen	1 3 E	**1a**
choisir qc	etw. wählen/aussuchen	3 1 A	**3b**
circuler	sich bewegen/ im Umlauf sein	4 3 B	**1a**
cliquer sur qc	auf etw. klicken/ etw. anklicken	1 4 B	**1a**
se coiffer	sich kämmen/frisieren.	[2 M2]	**1aa**
commander qc	etw. bestellen	2 4 C	**1a**
commencer qc	etw. anfangen/beginnen	1 8 A	**1f**
commencer à faire qc	anfangen/beginnen etw. zu tun	3 3 A	**1f**
commencer qc par qc	etw. mit etw. beginnen	4 5 C	**1f**
composter qc	etw. entwerten	2 5 A	**1a**
comprendre qc	etw. verstehen	1 6 C	**8**
compter qc	etw. zählen	4 1 B	**1a**
compter sur qn	auf jdn. zählen/ sich auf jdn. verlassen	3 1 B	**1a**
concerner qn	jdn. angehen/betreffen	2 6 B	**1a**
conduire	fahren	3 6 E	**26**

connaître qn/qc	jdn./etw. kennen	2 6 A . . **17**
construire qc	etw. bauen	4 4 C . . **26**
continuer	fortfahren	1 4 B . . **1a**
copier sur qn	*hier:* bei jdm. abgucken/ abschauen/abschreiben	3 2 B . . **1a**
se coucher	ins/zu Bett gehen	3 2 A . . **1aa**
courir	laufen/rennen	4 2 B . . **30**
coûter	kosten	2 3 C, 3 **1a**
coûter cher	teuer sein/viel (Geld) kosten	2 7 . . . . **1a**
craquer	zusammenbrechen; *hier:* ausrasten/ ausflippen	3 3 B . . **1a**
créer	etw. schaffen/gründen	4 1 A . . **1a**
crier	schreien	2 5 C . . **1a**
croire (que)	glauben (, dass)	3 1 B . . **22**

D

danser	tanzen	1 8 A . . **1a**
se débrouiller	zurechtkommen	3 3 A . . **1aa**
décider de faire qc	entscheiden, etw. zu tun	4 2 B . . **1a**
découvrir qc	etw. entdecken	3 3 A . . **21**
décrire qn/qc	jdn./etw. beschreiben	2 6 A . . **18**
décrire qc à qn	jdm. etw. beschreiben	2 6 B . . **18**
demander qc	etw. fragen	1 8 A . . **1a**
demander qc à qn	jdn. (nach) etw. fragen	2 6 A . . **1a**
demander si ...	fragen, ob ...	2 6 C . . **1a**
se demander si ...	sich fragen, ob ...	3 2 E . . **1aa**
demander à qn de faire qc	jdn. bitten, etw. zu tun	4 2 B . . **1a**
déménager	umziehen	4 2 A . . **1d**
se dépêcher	sich beeilen	[2 M2]. **1aa**
se dépêcher	sich beeilen	3 2 E . . **1aa**
déposer qc/qn	etw. abstellen/ jdn. absetzen	3 6 A . . **1a**
déprimer	deprimiert werden/sein	[3 M1]. **1a**
déranger qn	jdn. stören	2 2 A . . **1d**

descendre	aussteigen/ hinuntergehen	2 5 C	**2**
descendre du train	aus dem Zug aussteigen	2 5 C	**2**
désirer qc	etw. wünschen	2 3 C, 3	**1a**
détester qn/qc	jdn./etw. überhaupt nicht mögen/hassen	1 3 A	**1a**
devenir	werden	3 3 E	**16**
devoir faire qc	etw. tun müssen	2 4 A	**14**
dire qc à qn	jdm. etw. sagen	2 6 B	**19**
Dis donc, …	Sag mal, …	1 8 A	**19**
Dis Johnny, …	Sag mal, Johnny …	3 1 B, 3	**19**
se dire qc	sich etw. sagen	4 2 A	**19**
discuter avec qn	mit jdm. reden/ diskutieren	1 8 A	**1a**
disparaître	verschwinden	3 6 B	**17**
se disputer avec qn	mit jdm. streiten	[1 M2]	**1aa**
se disputer	sich streiten	3 4 B	**1aa**
donner qc	etw. geben	2 4 C	**1a**
donner son avis	seine Meinung sagen	2 6 C, 2	**1a**
donner des ordres à qn	jdm. Befehle erteilen	3 4 B	**1a**
dormir	schlafen	2 4 B	**3a**
se doucher	duschen	3 2 A	**1aa**
durer	dauern/andauern	4 4 A	**1a**

E

écouter qc	etw. hören	1 3 B	**1a**
écouter qn	jdm. zuhören	2 4 B, 4	**1a**
écrire qc à qn	jdm. etw. schreiben	2 6 B	**18**
s'écrouler	zusammenbrechen; *hier:* zerplatzen	3 3 A	**1aa**
embrasser qn	jdn. umarmen/küssen; *hier:* jdn. lieb grüßen	2 4 C	**1a**
emmener qn	jdn. mitnehmen	3 6 A	**1c**
employer qn	jdn. beschäftigen	4 3 C	**1g**
énerver qn	jdn. nerven	2 4 C	**1a**
s'énerver	sich aufregen	[2 M2]	**1aa**

s'énerver	sich aufregen	3 4 A	**1aa**
enlever qc	etw. ausziehen	3 4 E	**1c**
enlever son chapeau	den Hut abnehmen/ ziehen	3 3 C	**1c**
enseigner	unterrichten	3 5 E	**1a**
entendre qc	etw. hören	[1 M1]	**2**
entendre qc	etw. hören	2 5 C	**2**
s'entendre avec qn	sich mit jdm. verstehen	3 2 B	**2**
s'entraîner	trainieren	4 1 A	**1aa**
entrer	be-/eintreten/hinein-gehen	1 3 B	**1a**
entrer en scène	auftreten	3 3 C	**1a**
envoyer qc/qn	etw./jdn. schicken	4 4 B	**31**
espérer (que)	hoffen (, dass)	3 1 B	**1e**
essayer qc	etw. anprobieren/ versuchen	2 3 A	**1g**
être	sein	1 2 B	**4**
C'est ...	Das ist ...	1 1	**4**
être de	sein aus/kommen aus	1 2 B	**4**
Où est ...?	Wo ist ...?	1 3 A	**4**
être de	sein aus/kommen aus	1 2 B	**4**
C'est à moi.	Ich bin dran.	1 7 A	**4**
être d'accord	einverstanden sein	1 8 B	**4**
être jumelé(e) avec...	eine Städte-/Schulpart-nerschaft haben mit ...	2 5 A, 5	**4**
être victime	Opfer sein	2 6 B	**4**
être en train de faire qc	dabei sein etw. zu tun	3 2 B	**4**
être en forme *(fam.)*	gut drauf/(gut) in Form sein *(ugs.)*	3 3 C, 3	**4**
être au chômage	arbeitslos sein	4 4 A	**4**
exagérer	übertreiben	3 1 B	**1e**
s'excuser	sich entschuldigen	3 2 C	**1aa**
Excuse-moi./ Excusez-moi.	Entschuldige./ Entschuldigen Sie.	3 5 B	**1a**
expliquer qc	etw. erklären	1 8 B	**1a**
expliquer qc à qn	jdm. etw. erklären	2 3 C	**1a**

Je vais t'expliquer!	Ich kann's dir erklären!	2 3 C	**7**
exprimer qc	etw. ausdrücken	4 3 A, 7	**1a**
expulser qn	jdn. ausweisen/ abschieben	4 2 B	**1a**

F

fabriquer qc	etw. herstellen	4 4 C	**1a**
faire qc	etw. tun/machen	1 4 A	**6**
Mais que faire?	Aber was tun?	1 8 B	**6**
Que fait ...?	Was macht ...?	1 3 A	**6**
faire de l'athlétisme *(m.)*	Leichtathletik machen	2 1 E	**6**
faire du cheval	reiten	2 1 E	**6**
faire de la voile	segeln	2 1 E	**6**
faire du sport	Sport treiben	2 1 E	**6**
faire du VTT	Mountainbike fahren	2 1 E	**6**
faire du camping	campen/zelten	2 1	**6**
faire une affaire/ des affaires	ein Schnäppchen machen/etw. günstig einkaufen	2 3 A	**6**
faire la vaisselle	abwaschen	2 4 C	**6**
faire la cuisine	kochen	2 4 C	**6**
La tour fait 210 mètres.	Der Turm ist 210 Meter hoch.	[2 M4]	**6**
faire de la place	Platz machen	3 2 E	**6**
se faire du souci	sich Sorgen machen	3 2 B	**6**
faire du stop	trampen/per Anhalter fahren	3 6 E	**6**
faire le plein	volltanken	3 6 A	**6**
Il fait beau.	Es ist schönes Wetter.	3 6 A, [2 M4]	**6**
Il fait chaud.	Es ist warm. (Wetter)	3 6 B	**6**
faire du théâtre	Theater spielen	3 3 C	**6**
faire partie de qc	zu etw. gehören	3 5 B	**6**
faire de l'escalade	klettern	4 1 B	**6**
faire plaisir à qn	jdm. gefallen	4 2 E	**6**
faire entrer qn	*hier:* jdn. hereinbitten	4 2 C	**6**

faire le tour du monde	*hier:* in die ganze Welt verkauft werden	4 4 C	**6**
faire + inf.	veranlassen, dass ...	4 5 E	**6**
il faut qc	man braucht etw./ wir brauchen etw.	2 4 B	**15**
il faut faire qc	man muss etw. tun/ wir müssen etw. tun	2 4 B	**15**
il ne faut pas faire qc	man darf/soll etw. nicht tun	2 4 B, 4	**15**
il faut que	man muss/ es ist nötig, dass	4 3 E	**15**
fermer qc	etw. schließen	2 4 B	**1a**
refermer qc	etw. wieder schließen	2 3 B	**1a**
fêter qc	etw. feiern	4 4 A	**1a**
filmer qc	etw. filmen	4 1 C	**1a**
finir qc	etw. beenden/ mit etw. aufhören	3 1 A	**3b**
finir le coca	*hier:* die Cola austrinken	3 1 A, 5	**3b**
former qc	etw. bilden	4 3 B	**1a**

G

gagner qc	etw. gewinnen	[1 M2], 4 1 A	**1a**
Gagné!	Gewonnen!	1 2 B	**1a**
gagner de l'argent *(m.)*	Geld verdienen	2 7	**1a**
garder qc	etw. (fest)halten/ behalten	4 4 B	**1a**
garer qc	etw. parken/abstellen	3 6 C	**1a**
goûter qc	etw. probieren/kosten	4 5 C	**1a**

H

s'habiller	sich anziehen	[2 M2]	**1aa**
s'habiller	sich anziehen	3 2 B	**1aa**
s'habiller en noir	sich schwarz kleiden	4 4 A	**1aa**
habiter	wohnen	1 4 B	**1a**

I

imaginer qc	sich etw. vorstellen	[1 M3]	**1a**
impressionner qn	jdn. beeindrucken	4 5 C, 5	**1a**
indiquer qc	auf etw. hinweisen	4 1 E	**1a**
informer qn	jdn. informieren	3 5 B	**1a**
s'inquiéter	sich Sorgen machen	3 4 B	**1ee**
installer qc	etw. anschließen/ aufbauen	1 3 B	**1a**
installer qc	*hier:* etw. aufbauen	3 1 B	**1a**
s'installer	Platz nehmen	3 6 A	**1aa**
intéresser qn	jdn. interessieren	2 1	**1a**
Ça vous intéresse?	Interessiert euch/Sie das?	2 1	**1a**
s'intéresser à qc	sich für etw. interessieren	3 5 E	**1aa**
interpréter	interpretieren	4 3 B, 5	**1e**
interroger qn	jdn. befragen/vernehmen	2 2 A	**1d**
introduire qc	etw. einführen	4 3 B	**26**
inviter qn	jdn. einladen	1 7 A	**1a**
inviter qn à la fête	jdn. zur Fete/Party einladen	1 8 E	**1a**

J

jouer avec qn/qc	mit jdm./etw. spielen	1 4 C, 4	**1a**
jouer de la musique	Musik machen	3 1 E	**1a**
jouer au caïd	sich als Chef aufspielen	3 4 A	**1a**
être jumelé(e) avec …	eine Städte-/Schulpartnerschaft haben mit …	2 5 A, 5	**4**

L

laisser qn/qc	jdn./etw. lassen/ zurücklassen	2 2 C	**1a**
Bon, je te laisse!	Also, so viel für heute!	2 3 A, 5	**1a**
Ne vous laissez pas faire!	Lasst euch nicht alles gefallen!	3 4 C	**1a**
laisser tomber qc	etw. fallen lassen	3 3 B	**1a**
laisser qc à qn	jdm. etw. überlassen	3 6 C	**1a**
lancer qc	etw. werfen	[2 M1]	**1f**
lancer qc	etw. werfen	3 3 B	**1f**

se laver	sich waschen	[2 M2]	**1aa**
se laver	sich waschen	3 6 B	**1aa**
se lever	aufstehen	3 2 A	**1cc**
lire qc	etw. lesen	2 6 B	**20**
lutter contre qc	gegen etw. kämpfen	4 2 B, 2	**1a**

M

manger qc	etw. essen	1 7 C	**1d**
manquer	fehlen	3 5 C	**1a**
marcher	*hier:* funktionieren	4 1 C	**1a**
Ça marche!	Einverstanden!	2 M5]	**1a**
Ça marche bien.	Es geht/klappt gut.	3 1 A	**1a**
se marier	heiraten	3 4 B	**1aa**
mentir	lügen	2 4 B	**3a**
mentir à qn	jdn. anlügen/belügen	2 7	**3a**
mettre qc	etw. setzen/stellen/legen; *hier:* etw. hineintun	1 7 B	**9**
mettre qc	*hier:* etw. anziehen/ anlegen	1 7 C	**9**
mettre la table	den Tisch decken	1 7 C	**9**
mettre la radio fort	das Radio laut stellen	2 4 A	**9**
mettre de l'ambiance *(f.)*	für Stimmung sorgen	3 1 A	**9**
se mettre à table	zu Tisch/zum Essen kommen	3 2 A	**9**
se mettre à faire qc	beginnen, etw. zu tun	4 2 C	**9**
se mobiliser	sich mobilisieren/ aktiv werden	4 2 B	**1aa**
monter	hinaufgehen/hinauf-steigen	2 2 B	**1a**
monter (dans qc)	(in etw.) einsteigen	2 5 A	**1a**
monter dans un arbre	auf einen Baum klettern	[2 M1]	**1a** **(+ être)**
monter une pièce	ein Bühnenstück vorbereiten	3 3 C	**1a**
monter qc	*hier:* etw. aufstellen/ aufbauen	3 6 B	**1a**

montrer qc	etw. zeigen	1 4 E	**1a**

N

nager	schwimmen	2 1	**1d**
je suis né/née	ich bin geboren	3 4 A	**4**
neiger	schneien	3 6 C, 5	**lex.**
noter qc	etw. notieren	3 3 A	**1a**

O

obtenir	etw. erhalten/ bekommen	4 2 B	**16**
s'occuper de qn/qc	sich um jdn./etw. kümmern	3 2 E	**1aa**
offrir qc à qn	jdm. etw. anbieten/ schenken	2 7	**21**
offrir un verre à qn	jdn. auf ein Glas einladen	2 7, 5	**21**
offrir son aide à qn	jdm. seine Hilfe anbieten	2 7	**21**
organiser qc	etw. organisieren	1 8 E	**1a**
s'organiser	sich organisieren	3 2 E	**1aa**
oublier qc	etw. vergessen	2 4 A	**1a**
oublier l'heure *(f.)*	die Zeit vergessen	3 2 C	**1a**
ouvrir qc	etw. öffnen	2 7	**21**

P

paniquer	in Panik geraten	2 2 C	**1a**
parfumer qc	etw. parfümieren	4 5 B	**1a**
parler (de qc) à qn/ avec qn	mit jdm. (über etw.) sprechen	2 6 B	**1a**
Tu parles!	Von wegen!	[3 M2]	**1a**
Tu parles…!	Von wegen!/Was du nicht sagst!	4 2 C	**1a**
partager qc	etw. teilen	2 2 B	**1d**
participer à qc	an etw. teilnehmen	4 2 B	**1a**
partir	weggehen	2 4 B	**3a** **(+ être)**

partir en vacances *(f.) (pl.)*	in (die) Ferien/in (den) Urlaub fahren	2 5 E . . **3a** **(+ être)**
partir de	abfahren/starten in	4 5 C . . **3a** **(+ être)**
partir de qc	von etw. abgehen.	[2 M4]. **3a** **(+ être)**
passer une semaine	eine Woche verbringen .	1 M3, 2 **1a**
passer (les/ses vacances)	(die Ferien) verbringen .	2 1 . . . . **1a**
passer un concours	an einem Wettbewerb teilnehmen	3 5 A . . **1a**
passer (devant qc/ qn)	(an etw./jdm.) vorbeigehen/-laufen	[3 M1]. **1a**
passer qc	etw. geben/reichen	2 4 C, 2 **1a**
Je vous le/la passe. .	Ich gebe ihn/sie Ihnen.	3 5 B, 4 **1a**
passer dans une (autre) équipe	in eine (andere) Mannschaft kommen	4 1 A . . **1a**
se passer	sich ereignen	3 2 C . . **1a**
payer	bezahlen	3 5 A . . **1g**
penser à qn/qc	an jdn./etw. denken	1 8 B . . **1a**
penser de qc	über etw. denken	2 6 C . . **1a**
perdre qc	etw. verlieren	[1 M2]. **2**
perdre qc	etw. verlieren	2 5 C. . **2**
permettre à qn de faire qc	jdm. erlauben, etw. zu tun	4 2 B . . **9**
plaire à qn	jdm. gefallen	2 3 A . . **13**
Le sketch m'a plu. .	Der Sketsch hat mir gefallen.	2 6 C . . **13**
s'il te plaît	bitte zu jemandem, den man duzt	1 5 B . . **13**
pleurer	weinen	3 3 B . . **1a**
Il pleut.	Es regnet.	[2 M5]. **lex.**
Il pleut.	Es regnet.	3 6 A . . **lex.**
pomper *(fam.)*	abschreiben *(ugs.)*	3 2 B . . **1a**
porter qc	etw. tragen	2 3 E . . **1a**
poser des questions à qn	jdm. Fragen stellen	2 6 E . . **1a**

posséder qc	etw. besitzen	4 4 B	**1e**
poster qc	etw. (bei der Post) aufgeben; *hier:* ins Internet stellen	4 5 E	**1a**
pousser qn	jdn. stoßen/schubsen	2 2 A	**1a**
pousser qc	*hier:* etw. schieben	[2 M5]	**1a**
pouvoir	können	1 9	**11**
pouvoir faire qc	etw. tun können	1 9	**11**
pratiquer un sport	eine Sportart ausüben	[2 M3]	**1a**
préférer faire qc	vorziehen etw. zu tun/ etw. lieber tun	1 7 C	**1e**
prendre qc	etw. nehmen	1 6 A	**8**
prendre des photos	Fotos machen/ fotografieren	1 6 A	**8**
prendre l'escalier	die Treppe nehmen	1 6 A	**8**
prendre le métro	die Metro nehmen	1 6 A	**8**
Qu'est-ce que vous prenez?	Was darf es sein?	1 6 C	**8**
prendre son petit-déjeuner	frühstücken	2 2 E	**8**
prendre place	Platz nehmen	2 5 B	**8**
prendre qc à qn	*hier:* jdm. etw. wegnehmen	2 6 E	**8**
prendre une décision	eine Entscheidung treffen	3 1 A, 5	**8**
prendre contact avec qn	mit jdm. Kontakt aufnehmen	2 6 A, 4	**8**
se prendre pour ...	sich für ... halten	3 4 A	**8**
prendre de l'essence	tanken	3 6 A	**8**
prendre feu	Feuer fangen	4 5 E	**8**
prendre l'apéritif	einen Aperitif nehmen	4 5 B	**8**
préparer qc	etw. vor-/zubereiten	1 3 A	**1a**
se préparer	sich vorbereiten	3 2 B	**1aa**
présenter qc	etw. vorstellen	2 5 B	**1a**
se présenter	sich vorstellen	3 3 A	**1aa**
se présenter à un casting	an einem Casting teilnehmen	3 3 A	**1aa**

présenter qn à qn	jdn. jdm. vorstellen	3 5 B	**1a**
prêter qc	etw. leihen	3 6 B	**1a**
profiter de qc	von etw. profitieren	4 3 E	**1a**
programmer qc	etw. programmieren	3 5 C	**1a**
se promener	spazieren gehen	4 3 C	**1cc**
promettre à qn de faire qc	jdm. versprechen etw. zu tun	2 3 A	**9**
Promis!	Versprochen!	2 3 A	**9**
proposer à qn de faire qc	jdm. vorschlagen, etw. zu tun	4 3 A, 1	**1a**
proposer qc à qn	jdm. etw. vorschlagen	[2 M3]	**1a**
protéger qn/qc	jdn./etw. schützen	4 4 B	**1e**

Q

quitter qn	jdn. verlassen; *hier:* sitzen lassen	2 2 C	**1a**
Tu m'as quitté.	Du hast mich sitzen lassen.	2 2 C	**1a**
se quitter	sich trennen/Abschied nehmen	3 2 C	**1aa**

R

raconter qc	etw. erzählen	2 2 C	**1a**
ramasser qc	etw. aufsammeln	3 3 B	**1a**
ranger qc	etw. aufräumen	2 4 A	**1d**
rappeler	zurückrufen/ wieder anrufen	3 5 B, 4	**1b**
rapporter qc	etw. mitbringen/ zurückbringen	3 6 B	**1a**
rassurer qn	jdn. beruhigen	4 5 E	**1a**
rater qc	etw. verpassen	2 5 C, 3	**1a**
réagir	reagieren	3 3 B	**3b**
réaliser qc	etw. wahr machen/ verwirklichen	4 4 E	**1a**
recevoir	etw. erhalten/ bekommen	4 1 A	**27**
recevoir qn	jdn. empfangen	4 5 B, 1	**27**

récolter qc	etw. ernten	4 5 B	**1a**
recommencer	wieder beginnen/ anfangen	4 4 A	**1f**
reconnaître qn	jdn. wiedererkennen	3 3 C	**17**
reculer	zurückweichen	4 2 C	**1a**
refermer qc	etw. wieder schließen	2 3 B	**1a**
réfléchir	(sich) überlegen/ nachdenken	3 1 A	**3b**
refuser de faire qc	ablehnen, etw. zu tun	4 3 C	**1a**
regarder qc	etw. ansehen/ anschauen/betrachten	1 4 E	**1a**
se regarder	sich ansehen	[2 M2]	**1aa**
regretter qn/qc	etw. bedauern/ jdn./etw. vermissen	4 2 A	**1a**
remarquer qc	etw. (be-)merken	3 1 A	**1a**
remercier qn	jdm. danken/sich bei jdm. bedanken	4 4 B	**1a**
rencontrer qn	jdn. treffen	1 7 A	**1a**
rendre qc à qn	jdm. etw. zurückgeben	3 3 B	**2**
se rendre compte de qc	sich einer Sache bewusst werden	4 2 B	**2**
rentrer	zurückkehren/ zurückkommen	1 5 B	**1a**
rentrer à la maison	nach Hause gehen	1 5 B	**1a**
réparer qc	etw. reparieren	3 5 E	**1a**
repartir	*hier:* wieder anfahren	3 3 B	**3a**
repartir	*hier:* wieder verschwinden	4 4 B	**3a**
répéter qc	etw. wiederholen; *hier:* proben	3 1 E	**1e**
répondre	antworten	[1 M1]	**2**
répondre	antworten	2 5 C	**2**
répondre que …	antworten, dass …	2 6 C	**2**
se reposer	sich ausruhen	3 2 C	**1aa**
représenter qc	etw. darstellen	4 3 B	**1a**
réserver qc	etw. reservieren	4 1 C	**1a**

respecter qn/qc ...	jdn./etw. respektieren/ achten	2 6 C .. **1a**
ressembler à qc/qn	etw./jdm. ähneln.......	4 5 C, 6 **1a**
rester	bleiben	1 5 B .. **1a**
il nous reste qc	uns bleibt etw./ wir haben (noch) etw.	3 1 B .. **1a**
retourner	zurückkehren	2 4 A .. **1a**
se retourner	sich umdrehen	3 4 C .. **1aa**
retrouver qn	jdn. (wieder) treffen	2 2 C .. **1a**
se retrouver	sich treffen	3 2 E .. **1aa**
se réveiller	wach werden/ aufwachen	[2 M2]. **1aa**
se réveiller	aufwachen/wach werden	3 2 E .. **1aa**
revenir	zurückkommen/ zurückkehren	3 3 E .. **16**
rêver de qc	von etw. träumen	1 5 B, 3 **1a**
réviser qc	etw. wiederholen; *hier:* lernen	3 2 B .. **1a**
revoir qc	etw. noch einmal durch-sehen	4 2 C .. **12**
revoir qn	jdn. wiedersehen.......	4 5 A .. **12**
rigoler	Spaß haben/ herumalbern	1 9 .... **1a**
Tu veux rigoler un peu? *(fam.)*	Willst du mal was zu lachen haben? *(ugs.)*	2 3 C .. **10**
Tu rigoles! *(fam.)* ..	Du spinnst wohl! *(ugs.)* .	2 4 B .. **1a**
rire	lachen	4 1 B .. **28**

S

sauver qn	jdn. retten	4 4 B .. **1a**
savoir	wissen	3 5 B .. **25**
Je ne sais pas.	Keine Ahnung./ Ich weiß (es) nicht.	1 4 C .. **25**
Je sais.	Ich weiß (es).	2 2 E .. **25**
Vous savez quoi? ..	Wisst ihr was?	2 3 C .. **25**
sécher qc..........	etw. trocknen	4 5 B .. **1e**

sécher les cours *(fam.)*	Schule schwänzen *(ugs.)*	4 2 B	**1e**
sentir	riechen	2 4 C	**3a**
sentir qc	*hier:* etw. spüren/fühlen	4 4 A	**3a**
Ça sent bon.	Das riecht (aber) gut.	2 4 C	**3a**
se sentir (bien)	sich (wohl-/gut) fühlen	3 3 A	**3aa**
serrer la main	die Hand schütteln	4 2 C	**1a**
se servir	sich bedienen	3 2 A	**3aa**
siffler	pfeifen	3 6 A	**1a**
signer qc	etw. unterschreiben; *hier:* etw. signieren/mit Autogramm versehen	2 5 C	**1a**
signifier qc	etw. bedeuten	4 3 B	**1a**
soigner qn	jdn. pflegen	3 5 E	**1a**
sonner	klingeln/läuten	1 4 C	**1a**
sonner chez qn	bei jdm. klingeln	1 4 C	**1a**
sortir	hinausgehen/weggehen	2 4 B	**3a**
sortir	*hier:* herauskommen/erscheinen *(Zeitung)*	4 1 E	**3a**
souhaiter qc	etw. wünschen	4 3 B, 5	**1a**
souligner qc	etw. unterstreichen	4 1 E	**1a**
se souvenir de qc	sich an etw. erinnern	4 1 A	**16**
Ça suffit!	Das reicht!	3 2 E	**lex.**
il suffit de faire qc	es reicht aus, etw. zu tun/man muss nur etw. tun	3 5 A	**lex.**
suivre qn	jdm. folgen	4 5 B	**32**
surfer	surfen	1 4 A	**1a**
survivre	überleben	4 4 C	**29**
T			
téléphoner à qn	jdn. anrufen/mit jdm. telefonieren	1 8 A	**1a**
tenir qc	etw. halten	4 3 A	**16**
tenir un restaurant	ein Restaurant führen	4 3 A	**16**
Tiens.	Sieh mal einer an.	2 3 A	**16**
tomber	fallen	1 9	**1a**
tomber malade	krank werden	3 1 B	**1a**
laisser tomber qc	etw. fallen lassen	3 3 B	**1a**

tomber amoureux	sich verlieben	[3 M1]	**1a**
toucher qc	etw. berühren	4 2 C	**1a**
toucher qn	hier: jdn. betreffen	4 4 C	**1a**
tourner qc	etw. drehen/umdrehen	2 3 C	**1a**
traîner *(fam.)*	sich herumtreiben *(ugs.)*	3 4 A	**1a**
traîner	herumliegen	4 4 C	**1a**
travailler	arbeiten	2 6 A, 2	**1a**
traverser qc	etw. überqueren	2 5 C	**1a**
trouver qc	etw. finden	1 3 E	**1a**
pour trouver ...	um ... zu finden	1 7 C	**1a**
se trouver	sich befinden	4 4 B	**1aa**

U

unir qc	etw. vereinigen	4 3 B	**3b**

V

Ça vaut la peine.	Es lohnt sich./ Es ist die Mühe wert.	3 5 B	**lex.**
vendre qc	etw. verkaufen	[1 M1]	**2**
vendre qc	etw. verkaufen	2 7	**2**
venir (à)	kommen (nach)	2 5 B	**16**
venir de	kommen aus/von	2 5 B	**16**
venir de faire qc	etw. gerade getan haben	3 2 B	**16**
visiter qc	etw. besichtigen	1 9	**1a**
vivre	leben	4 2 E	**29**
voir qn/qc	jdn./etw. sehen	2 3 A	**12**
Ça n'a rien à voir.	Das hat nichts damit zu tun!	4 3 C	**12**
voler qc	etw. stehlen	2 2 E	**1a**
vouloir qc	etw. wollen	1 9	**10**
je voudrais	ich möchte	1 7 E	**10**
je voudrais bien ... (+ infinitif)	ich möchte gern ... (+ Infinitiv)	1 8 B	**10**
vouloir faire qc	etw. tun wollen	1 9	**10**
vouloir dire qc	*hier:* etw. meinen	3 2 A	**10**
Je veux bien.	Ich möchte gern.	3 5 B	**10**
voyager	reisen	3 6 A	**1d**

Lösungen

Leçon 1

1. **1.** Anne et Florence *achèteront* des robes pour la fête de l'école.
   2. J'*irai* chez Camille. Nous *rirons* beaucoup ensemble.
   3. Il *gagnera* la médaille d'or parce qu'il s'entraîne beaucoup.
   4. Vous ne *serez* pas là demain? Quand est-ce que nous nous *verrons*, alors?
   5. Mes parents *iront* en France. Je *devrai* leur apprendre un peu la langue.
   6. Je *réserverai* une table au restaurant. Est-ce qu'il *mangera* avec nous?

2. **a)** si + *présent* im Nebensatz: erfüllbare Bedingung
   → *futur simple* im Hauptsatz: wirkliche oder mögliche Folge.
   b) 1. S'il *reçoit* une bonne note, on ne *rira* plus de lui.
   2. Si Mme Lacoste *indique* bien le chemin, les élèves ne se *perdront* pas.
   3. Je te *réserverai* une place au cinéma, si tu *es* en retard.
   4. Si tu *vas* en finale, tu *gagneras* peut-être la compétition.
   5. Si tu *achètes* ce magazine, tu *verras* des photos de Superbus.

3.
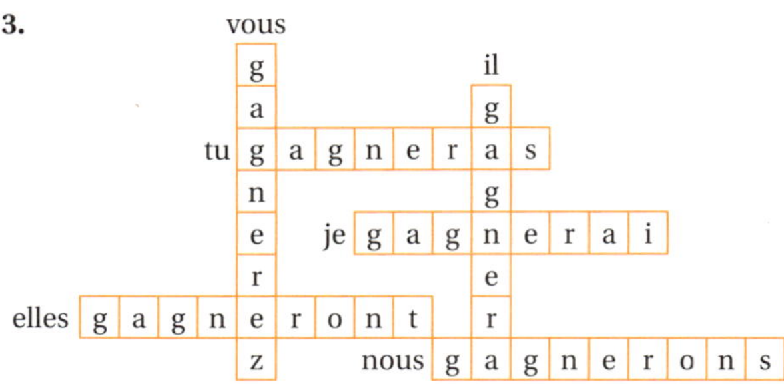

4. **a)** *Louis:* 1. J'ai *rencontré* Guillaume à l'école. 2. Nous *sommes devenus* très amis. 3. L'année dernière, on n'*était* pas dans la même classe mais ce n'*était* pas grave.

b) *Marie:* 4. Lorie et moi, on *fait/faisait* de la danse. 5. Au début, je la *détestais.* 6. Puis, un jour, on a *discuté,* je *l'ai trouvée* sympa. 7. Depuis, *c'est* ma meilleure copine. 8. Je lui *fais* confiance, on *se raconte* tout.

Leçon 2

1. **a)** Bei den Verben auf *-er:*
Infinitiv + *Imparfait*-Endungen:
-ais, -ais, -ait, -ions, -iez, -aient
Achte auf die Ausnahme bei Verben auf *-dre* und *-re:*
Infinitiv ohne *-e* + *Imparfait*-Endungen.

b) 1. Je *chanterais* devant des millions de fans. 2. Je *déménagerais* à Hollywood. 3. Je *ferais* la connaissance de Ben Barnes. 4. Il *m'aimerait.* 5. Nous *vivrions* dans une grande maison. 6. *J'aurais* beaucoup de chance.

2.

o	b	o	b	t	i	e	n	d	r	a	i	s	r	s	a
a	o	b	o	b	n	t	r	a	s	o	b	t	e	n	i
o	b	t	i	e	n	d	r	a	s	b	o	n	e	a	n
b	t	e	n	n	o	b	t	i	e	n	d	r	i	e	z
t	i	n	a	s	b	t	e	n	i	a	s	n	b	t	n
e	e	a	o	b	t	i	e	n	d	r	a	i	e	n	t
n	n	i	s	n	e	o	b	t	e	n	a	i	s	b	o
i	d	e	e	n	n	e	a	s	o	b	t	i	e	n	t
e	r	n	t	e	o	b	t	i	e	n	n	e	n	t	b
z	e	t	b	n	n	o	b	t	a	n	n	e	n	a	s
s	z	s	o	b	s	t	o	b	t	i	e	n	d	r	a

3. **a)** si + *Imparfait* im Nebensatz: nicht erfüllbare bzw. erfüllte Bedingung → *conditionnel* im Hauptsatz: irreale Folge

b) 1. Si j'*étais* plus grande, je *deviendrais* top-modèle.
2. Zut! S'il *faisait* beau, j'*irais* jouer au foot avec mes copains.
3. Si tu *séchais* les cours, ta mère ne *serait* pas contente.
4. Si j'*étais* connu, je *lutterais* contre la faim dans le monde.
5. S'il m'*aimait*, nous nous *marierions*.

4. **1.** je/tu vis **2.** vous vivez **3.** il/elle/on vit **4.** tu as vécu **5.** ils/elles vivent **6.** nous vivons

5. **a)**

1. Bildung:	*en* + Präsensstamm der 1. Person Plural + *-ant*
2. Gebrauch:	**a)** Gleichzeitigkeit zweier Handlungen *(während …)*
	b) Art und Weise eines Vorgangs/Geschehens *(dadurch, dass …)*

b) 1. Je me douche *en chantant*.
2. Nous parlons *en courant*.
3. Il fait ses devoirs *en regardant* la télé.
4. Tu penses à moi *en regardant* cette photo.
5. Ils regrettent de partir *en te voyant* pleurer.

Leçon 3

1. **a)** *Subjonctif*-Auslöser: z. B. Il veut que …, J'ai peur que … , Je suis content/e que …, Il faut que …, Il est possible que …

b) Individuelle Lösungen.

2. **1.** Estelle, je voudrais que tu me dises ce que cela *signifie*. **2.** Je n'ai pas compris! Tu t'*es* mal *exprimé/e*. **3.** Nous *interprétions/exprimions* cela de la mauvaise façon!

4. Je ne *m'exprimerai* pas sur ce sujet. **5.** J'ai eu peur que tu *interprètes* mal mes paroles. **6.** J'*ai* bien *interprété* le texte de Victor Hugo. **7.** Un nouveau travail? Est-ce que cela *signifierait* qu'il faudrait déménager?
8. Je m'*exprime* mieux quand j'ai mon dictionnaire.

3. ensardit = tu tiendras, *futur simple*
sneita = je/tu tenais, *imparfait*
ustov enan = nous avons tenu, *passé composé*
zinteried = vous tiendriez, *conditionnel*
tanui vate = il/elle/on avait tenu, *plus-que-parfait*
nentiten = ils/elles tiennent, *présent*

4. **1.** apprendre **2.** manger **3.** dormir **4.** fêter **5.** rire **6.** travailler **7.** rêver **8.** aimer
„Unpassende“ Verben: *apprendre* und *travailler*
Lösungsspruch: Il faut *profiter* de la vie!

Leçon 4

1. Si j'étais riche, … **1.** … *j'irais* à New York pour voir les grands immeubles à 100 étages. **2.** … vous me *retrouveriez* au carnaval à Rio. **3.** … nous *mangerions* chez Bocuse. **4.** … je *marcherais* sur la Grande muraille de Chine. **5.** … les esquimaux me *construiraient* un igloo. **6.** … je *traverserais* le Sahara.
7. … ma maison *serait* à Miami.

2. **1.** Je *survivais* dans la grande forêt depuis trois semaines. **2.** J'*avais construit* une petite maison en bois, je *faisais* du feu pour ne pas avoir froid et je me *protégeais* des animaux avec une arme en bois que j'*avais fabriquée*. Un jour, je me promenais et j'ai vu un gros crocodile qui voulait manger un petit tigre. **3.** J'ai couru le plus vite possible pour *sauver* le petit tigre. **4.** Après, je l'ai apporté chez moi pour le *protéger*. **5.** J'*ai fabriqué* un petit lit pour lui et je lui ai donné à manger. **6.** Je l'*avais sauvé*, j'étais fier! **7.** Bientôt, c'est lui qui me *protègera* et me *sauvera* si j'ai des problèmes!

3. a)

A	P	O	S	S	E	D	E	S	E	Z
S	R	A	E	P	O	S	S	I	F	G
E	S	N	N	A	S	E	N	S	N	S
R	G	A	T	E	N	O	A	S	E	N
P	O	S	O	S	D	E	S	E	A	S
O	N	T	N	O	N	Z	E	A	S	E
S	E	T	S	O	N	G	A	P	S	N
G	A	R	D	E	Z	A	N	O	D	T
A	P	S	S	O	T	R	A	S	N	E
R	D	E	R	P	O	D	S	S	E	N
P	P	P	O	S	S	E	D	E	N	T
P	O	D	O	P	G	O	A	D	R	E
O	S	P	G	G	A	R	D	E	S	O
A	S	S	E	D	E	Z	G	Z	E	N

b)

tu	possèdes	tu avais possédé
vous	possédez	vous aviez possédé
ils	possèdent	ils avaient possédé
nous	sentons	nous avions senti
ils	sentent	ils avaient senti
je/tu	sens	j'avais/tu avais senti
je/il	garde	j'avais/il avait gardé
vous	gardez	vous aviez gardé
tu	gardes	tu avais gardé

Leçon 5

1. a) 1. Le voleur a été arrêté par la police. 2. Cette maison a été achetée par M. Michel. 3. La tour Eiffel a été construite en1889. 4. Tout le chocolat a été mangé.

b) 1. Ma sœur a préparé ce gâteau. 2. Ses camarades l'aiment beaucoup. 3. On a tourné le film à Marseille. 4. Léonard de Vinci a créé La Joconde.

2. **a)** Solène demande à son frère Marc s'il a mangé tout le pain.
Il répond qu'il avait faim quand il est rentré de l'école.
Marc a demandé à Solène si elle allait à la fête de Justine.
Solène/Elle a répondu qu'elle y allait avec ses copines.
b) Solène a demandé à Marc s'il avait vu son T-shirt noir.
Il a dit qu'il l'avait vu dans la salle de bains.
Marc a demandé à Solène si elle rentrait tard ce soir-là.
Elle a répondu qu'elle ne le savait pas.

3. **1.** Il *faut* aller à Marseille en été. Les gens sont sympas et il *fait* chaud. La lavande *est récoltée*, ça *sent* bon! **2.** Le matin, on *se promène* sur le Vieux-Port, on *rencontre* plein de pêcheurs. **3.** Les poissons *sont vendus* pas cher. **4.** L'après-midi, on *peut* aller à la plage ou voir les Calanques. **5.** Le Château d'If *est* très *visité* par les touristes. **6.** Le soir, on *prend l'apéritif* dans un bar sur la Canebière, puis on *goûte* la bouillabaisse, la soupe de poissons marseillaise qui *est offerte* partout dans le port. **7.** Il y *a* beaucoup de gens et tout le monde *parle*. **8.** Les vacances à Marseille, *c'est* génial!

4. Reihenfolge der Verben entsprechend der Bildreihenfolge:
gagner, ressembler à, rire, avoir peur, courir, se cacher